FRANCIS FULTON-SMITH

Der dunkelste Moment ist der vor Sonnenaufgang

Wie ich mich nach einer
schweren Lebenskrise neu erfand

kailash

1. Auflage
© 2022 Kailash Verlag, München
in der Penguin Random House Verlagsgruppe GmbH
Neumarkter Str. 28, 81673 München
Redaktionelle Mitarbeit und Lektorat: Angela Kuepper
Satz: Uhl + Massopust, Aalen
Umschlaggestaltung: Daniela Hofner, ki 36 Editorial Design, München,
unter Verwendung eines Fotos von © Markus Nass
Druck und Bindung: CPI books GmbH, Leck
Printed in the EU
ISBN 978-3-424-63234-7
www.kailash-verlag.de

Für
Joliene & Audrey,
Mum & Dad
und alle,
die am Abgrund stehen
und sich ins Leben
zurückkämpfen wollen …

INHALT

VORWORT

München, im Januar 2017

Der Winter hatte sich in diesem Jahr ungewöhnlich viel Zeit gelassen, doch in den vergangenen Tagen war endlich Schnee gefallen. Als ich die Haustür öffnete, blickte ich auf ein Märchenland. Die Thujenhecke war wie mit Zuckerguss überzogen, der Himmel eisblau. Das verkehrsberuhigte Sträßchen unweit der Isar, in dem meine Frau, meine Kinder und ich damals lebten, lag still und friedlich da.

Mit einem leisen Klicken fiel die Tür hinter mir ins Schloss. Ich griff nach den beiden Koffern, in die ich in Windeseile ein paar Habseligkeiten gepackt hatte. Wie in Trance setzte ich einen Fuß vor den anderen. War gezwungen, unsere Trutzburg der Liebe zu verlassen.

Das Knarzen des Schnees unter meinen Schuhen an jenem Morgen werde ich nie vergessen. Das Knarzen und die Verlorenheit.

Eine halbe Stunde später stand ich vor dem Mietshaus, in dem ich in meiner Jugend gelebt hatte. Bis heute weiß ich nicht, wie ich dorthin gekommen bin. Mein Blick ging die Fassade hoch, die mich an eine überdimensionale Bienenwabe erinnerte. Wie von einem unsichtbaren Kommando aufgeschreckt, flatterten einige Tauben auf und flogen gen Himmel. Ich sah ihnen hinterher, während ich dastand, in meiner Schockstarre gefangen. Irgendwann fanden meine Finger den Klingelknopf.

Meine Mutter öffnete die Tür. Ihre Augen musterten mich sanft, ein Blick auf mich und die beiden Koffer erzählte ihr die ganze Geschichte.

»Komm erst mal rein«, sagte sie schlicht. Und da konnte ich nicht mehr an mich halten. Mit fünfzig Jahren stand ich plötzlich wieder bei meiner Mutter auf der Matte, die Trümmer meines Lebens in zwei Koffern und ein Sack voller Ratlosigkeit auf den Schultern. Ich sank in die Arme meiner Mutter und begann bitterlich zu weinen. Ich weinte um meine Ehe, die Kinder, um meine eigene Kindheit und wohl auch um mich selbst, wenngleich ich in diesem Moment nicht mehr wusste, wer ich überhaupt war.

Später zeigte meine Mutter mir den einfachen Raum, in dem ich unterkommen konnte. Mein Kinderzimmer gab es schon längst nicht mehr, meine Mutter und mein Stiefvater hatten vor Jahrzehnten alles umgebaut. Der Chlorgeruch vom benachbarten Schwimmbecken zog durch die Türritzen. Mein Blick streifte den ausgemusterten Schrank und das schmale Bett mit der durchgelegenen Matratze.

»Es ist zwar nicht besonders groß und etwas feucht hier, aber fürs Erste …« Sie stockte. Ich spürte, wie auch sie mit den Tränen kämpfte. Ich nahm sie in den Arm und sagte leichthin: »Hübsch hässlich hamses hier.« Wir mussten beide lachen, und meine Mutter knuffte mich.

»Das hat doch der Rühmann immer gesagt! Wie hieß der Film noch mal?«

»*Das schwarze Schaf*«, grinste ich und brach erneut in Tränen aus. Dann wurde ich ernst. »Danke, dass ihr mir vorübergehend Asyl gewährt, Mami.« Sie strich mir über die Wange und sagte damit mehr als tausend Worte.

In der ersten Nacht saß ich lange auf dem Bett mit der viel zu weichen Matratze und lauschte in die Dunkelheit. Das Wasser im Pool nebenan gluckste vor sich hin; darunter lag eine Stille, die schwer war vor Einsamkeit. Die Realität hätte kaum weiter von meiner Rolle als »Dr. Kleist« entfernt sein können.

Noch wehrte ich mich dagegen, die Dimension meines Scheiterns anzuerkennen. Heile Welt, das war immer mein Wunschtraum gewesen. Vor allem hatte ich meinen Töchtern ersparen wollen, Scheidungskinder zu werden.

Bestimmt ist das nur vorübergehend, das renkt sich schon wieder ein, sagte ich mir und hielt mich krampfhaft daran fest. Doch wem wollte ich eigentlich etwas vormachen? Meine Ehe war krachend gescheitert.

Neben mir auf dem Tisch lockte eine Flasche Whiskey, ich war hin- und hergerissen zwischen dunklem, zähflüssigem Selbstmitleid, Hoffnung und Fassungslosigkeit. Was sollte ich bloß tun? Paradoxerweise fiel mir ein Spruch ein: Als Gott mich schuf, fing er an zu grinsen und dachte:»Ob das wohl gut geht …?« Dann setzte er die Sonnenbrille auf, lächelte breit und sagte sich:»Aber es wird bestimmt lustig.«

Ich weiß offen gestanden nicht, wer diesen Spruch erdacht hat, aber heute liebe ich ihn und denke mir mit einem Augenzwinkern, so oder so ähnlich könnte es sich zugetragen haben.

Damals aber war mir viel eher danach, Gott und mich selbst zu verfluchen. Der Boden unter meinen Füßen schien zu schwanken, als ich aufstand, und das lag nicht allein am Whiskey. Durch das Fenster konnte ich die blinkenden Farben der Großstadt ausmachen. Dort draußen pulsierte das Leben. Verzweiflung packte mich, dann eine unheilige Wut auf mich selbst. Im Geiste zertrümmerte ich alles, was ich je erschaffen hatte.

Scheitern als Chance, redeten nicht alle davon? Würde ich

irgendwann an den Punkt kommen, das auch so betrachten zu können? Das, was geschehen war, zu akzeptieren und zu einem längst überfälligen Neuanfang aufbrechen? Aber wohin überhaupt? Ich versuchte mich zu erinnern, wo ich vom Weg abgekommen war. Pläne hatte ich viele gehabt, große Pläne sogar. Ich bin Einzelkind, Scheidungskind, Internatskind. In meinem Leben habe ich mir nichts sehnlicher gewünscht, als eine eigene Familie zu haben, Ehemann und Vater zu sein, Beschützer, Vorbild, Inspiration ... Vor allem aber einfach da zu sein für diejenigen, die mich brauchen. Als Fels in der Brandung, auch dann noch, als die Wellen daheim heftiger schlugen. All dies hatte nun ein abruptes und für mich hochemotionales Ende gefunden. Ich behaupte tatsächlich bis heute, ein hoffnungsloser Romantiker zu sein. Wenn ich mein Herz verschenke, wenn ich liebe, dann bedingungslos, bis zur Selbstaufgabe.

Selbst ist man allerdings merkwürdigerweise immer irgendwie betriebsblind. Man merkt nicht, wo und wann man den Partner verloren hat. Und weshalb Dinge scheinbar »plötzlich« passieren. Das tun sie aber nicht. Nichts geschieht einfach so. Wir leben in einem physikalischen Universum; Ursache und Wirkung hängen untrennbar zusammen und bedingen sich gegenseitig.

In den darauffolgenden Wochen erlebte ich einen tiefen Fall ins Nichts. Das totale Nichts. Wenn das Leben in tausend Splitter zerbirst, kommt irgendwann der Punkt, an dem man es nicht mehr schafft, alle Teile zusammenzuhalten. Dann setzt der Selbsterhaltungstrieb ein. Ich lernte das Loslassen auf die harte Tour. Rappelte mich auf. Spürte, dass ich es noch einmal wissen wollte. Wissen musste! Das hier konnte nicht das Ende sein, nicht so ...

Doch wir Menschen neigen dazu, all jene Situationen, in denen das Leben uns Wunden schlägt, mit unfassbarer Präzision zu wiederholen. Und so geschah es auch mir. Ich verliebte mich aufs Neue, verlor mich abermals und musste schmerzlich erkennen, dass ich noch tiefer fallen konnte als je zuvor.

Heute glaube ich, dass das Leben mit uns auf mindestens zweierlei Ebenen kommuniziert. Zum einen haben wir die wirkliche Chance, es in seiner absoluten Schönheit, Vielfalt und Brillanz zu erleben. Zum anderen aber nimmt uns das Universum von Zeit zu Zeit brutal aus dem Rennen, und zwar in Gestalt von Prüfungen, Problemen, Krankheiten, die uns zum Schreien und Weinen bringen, uns aber auch zum Innehalten zwingen. Und während wir gar nicht anders können, als unser Sein zu überdenken, bringt uns das schließlich auch zum Durchatmen, zur Erneuerung. Dieser Prozess ist alles andere als einfach, denn wir Menschen sind es gewohnt, nach den Erwartungen anderer zu leben. Viel zu oft kommen wir dabei vom Weg ab und bleiben auf der Strecke. Errichten Mauern um uns herum und wundern uns, dass keiner da ist, der uns nahekommt. Allzu häufig umschließen diese Mauern unseren innersten Kern, sodass wir uns nicht einmal mehr selbst begegnen können, uns fremd geworden sind, uns verlassen haben.

NOTIZ AN MICH:
Alles Leiden entsteht durch zwanghaftes egozentrisches Denken.

Ablenkung, Flucht, Trotz, Bestrafung, Hoffnung, Aufbäumen, Wut, Hass, Verzweiflung und erneute Selbstaufgabe: Wer kennt das nicht? Ich habe in meiner Transformation nur wenig ausgelassen. In langen Gesprächen mit anderen Menschen, die ähnlich betroffen sind, erkannte ich jedoch, dass ich nicht allein bin. Dass das, was mir geschehen war, offenbar ein universelles Phänomen ist.

Als ich dreieinhalb Jahre nach dem Ende meiner Ehe erneut vor dem Scherbenhaufen des Lebens stand, begriff ich jedenfalls, dass ich so nicht weitermachen konnte. Ich hatte aufs Schmerzlichste erkennen müssen, dass ich mich viel zu lange in meiner eigenen Komfortzone aufgehalten hatte und mich bereitwillig einlullen ließ. Jetzt galt es, die Ausflüchte sein zu lassen und zu reflektieren. Mich zu fragen: Wo ist denn wirklich der Francis in mir selbst? Wie weit bin ich gekommen? Was kann ich in meinem Leben verbessern? Was will ich noch erreichen?

Die Antworten auf all diese Fragen sucht man im Außen vergebens. Sie tun sich auf, wenn wir uns auf den Weg zu uns selbst begeben. Und so habe ich mithilfe von spirituellen Lehrern, Coaches und Weggefährten die Reise zum Mittelpunkt der Seele angetreten. Um wieder in meine Kraft zu kommen. Um eine neue Vision meiner selbst zu kreieren.

Und von dieser Reise handelt das vorliegende Buch:

Von meiner geborgenen Kindheit und dem Fall aus dem Paradies, frühen Prägungen, die wie Brandzeichen an mir hafteten. Von der Zeit im Internat, an deren Ende ich so einsam war, so herabgewürdigt, dass ich am liebsten die ganze Welt in Trümmer gerissen hätte. Von der Schauspielschulzeit, in der ich ein Ventil für all die überbordenden Emotionen fand. Vom Erfolg und seinen süßen Fallen. Vom Scheitern einer Ehe und dem Schmerz, wenn man nicht mehr mit den eigenen Kindern unter einem Dach leben kann. Von den Versuchen, wieder aufs Karussell des Lebens zu springen, dem totalen Absturz und dem unbändigen Glück, das man tief in sich selbst finden kann.

Es war – und ist – ein Weg durch Höhen und Tiefen, der mir immer neue Ausblicke bietet: auf die Fallstricke und Fußangeln alter Gewohnheiten und tiefsitzender Glaubenssätze, aber auch auf die Schönheit des Daseins, diese Freiheit, aus dem Vollen leben und aus der innersten Kraft schöpfen zu können.

**DER GRUND FÜR SCHMERZ IST,
UNS IN BEWEGUNG ZU BRINGEN, NICHT,
UNS LEIDEND ZU MACHEN.
TONY ROBBINS**

———

BACK TO THE ROOTS

////////

Unsere wichtigste Entscheidung ist, ob wir das Universum
für einen freundlichen oder feindlichen Ort halten.

Albert Einstein

///// **Die Kindheit ist eine magische Zeit.** Noch sind der Fantasie keine Zügel angelegt, der Horizont ist weit, und am Himmel jagen die Wolken einander in einem nicht enden wollenden Spiel. Überall verbergen sich Geheimnisse, im Wind, in der alten Eiche am Waldrand, am Grund des Flusses. Und wenn man als Kind das Glück hat, geliebt und umsorgt zu werden, vertrauen zu dürfen, gehört einem die ganze Welt. Was rede ich, das ganze Universum …

Es ist eine Zeit, in der ständig neue Synapsen gebildet werden. Das Gehirn von Dreijährigen verfügt über doppelt so viele Verbindungen zwischen den Nervenzellen wie das von Erwachsenen. Ein Zeichen unserer Fähigkeit, in rasantem Tempo zu lernen, zu wachsen und sich anzupassen. Erste Weichen werden gestellt, Wege geebnet – und verbaut. Denn die Welt um uns herum ist nicht immer freundlich und offen.

> **NOTIZ AN MICH**
>
> Es gibt eine physische und eine psychische Geburt. Die eine dauert Stunden, die andere beginnt im Mutterleib und erstreckt sich über das ganze Leben.
> Beide Geburten können mit Stress einhergehen und ihre Narben in der Psyche hinterlassen: Einsamkeit, gestörtes Urvertrauen, verletzte Selbstbilder.
> Doch Narben können verblassen!

Negative Erfahrungen kerben sich wie Axtschläge in die Seele ein. Und unsere frühen Prägungen schicken uns auf ein Karussell, das sich unablässig dreht und uns Runde um Runde mit den immer gleichen Themen konfrontiert. Machtlos sehen wir zu, wie sich der vormals so weite Horizont allmählich verengt. In der Folge unterteilen wir unsere Welt in kleine, übersichtliche Gebiete, von denen einige feindlich sind oder eben nicht. Und mit ihnen die Menschen, die uns begegnen, die Erfahrungen, die wir machen. Manche von uns arrangieren sich damit, bauen ihr ganzes Leben um angstbesetzte Nischen herum, auch wenn die eigene Welt dadurch immer enger wird. Andere finden sich damit ab, und wiederum andere drohen an einem bestimmten Punkt auf ihrem Weg seelisch daran zugrunde zu gehen.

HIMMEL UND ERDE

Als Kind war ich voller Gegensätze. Ich war ein Träumer, und ich war wissbegierig, wollte alles bis ins kleinste Detail verstehen; ich war wohlerzogen und wild; schüchtern und begierig nach Abenteuern. Ich war der Deutsche, und ich war der Engländer. Für diejenigen, die mich liebten, war ich all das zusammen. Für die anderen war ich keines so richtig. Der ewige Außenseiter – ein Stempel, der mich mein Leben lang prägen sollte.

Meine Eltern lernten sich Anfang der Sechzigerjahre in dem legendären Jazzkeller Cave 54 in Heidelberg kennen, wo mein Vater das Schlagzeug spielte. Meine Mutter war in Alexandria aufgewachsen und zum Studieren nach Deutschland gekommen. Schon damals haftete ihr eine glamouröse Aura an. Man konnte sie sich gut in einem Cabrio auf den Straßen Südfrankreichs vorstellen, die grazilen Arme in langen Satinhandschuhen, um den Hals ein Seidenschal, während der Fahrtwind einzelne Strähnen ihres dunklen Haars aus der Vogelnestfrisur zupfte. Meinen Vater

Das Herz in Heidelberg verloren: die Eltern,
Anfang der 1960er-Jahre

umgab die typisch britische Aura des Understatements. Eine Art englischer Alain Delon, mit stahlblauen Augen und schmaler Nase, sophisticated durch und durch, in der Art, wie er den Drumstick hielt, wie er sprach, durchs Leben ging. Die beiden waren völlig hin und weg voneinander.

Die frühen 1960er waren eine verstaubte Zeit, doch das Unkonventionelle lugte bereits um die Ecke, und meine Eltern ergriffen die Gelegenheit und richteten sich ihr Leben ein, wie es ihnen gerade gefiel. Sie heirateten an einem Freitag, den 13. ganz in Schwarz – und als ich geboren wurde, ließen sie mich als Einzigen protestantisch taufen. Zu dieser Zeit war es meine Mutter, die arbeiten ging, und mein Vater, der zu Hause blieb, um sich zunächst als Medizinstudent zu versuchen. Als es im Fach Anatomie jedoch darum ging, abgehackte Gliedmaßen und menschliche Torsos zu sezieren, beschloss er, doch lieber einer freiberuflichen Tätigkeit als Übersetzer und Journalist nachzugehen und sich um mich zu kümmern. Für Jazz blieb da nur noch wenig Zeit.

Ob mein Vater das Schlagzeug vermisste? Gewiss. Die Musik war sein Leben, er liebte den New-Orleans-Jazz der Zwanzigerjahre, Kid Ory, Sidney Bechet und natürlich den frühen Louis Amstrong. Doch uns liebte er noch um einiges mehr. Und in gewisser Weise ähnelte unser Leben dem Jazz. Dad und ich waren bald ein gut eingespieltes Duo. Er gab mal leicht, mal entschieden den Rhythmus des Tages vor. Wir drifteten auseinander, jeder bekam sein Solo, machte sein Ding, um bei der Eins wieder zusammenzufinden. Selten gab es mal ein paar Dirty Notes, doch immer jede Menge Improvisation.

Ich spielte unter dem wuchtigen altenglischen Schreibtisch, an dem er mit konzentrierter Miene saß, übersetzte, schrieb. Meine Finger erkundeten das speckige Leder seiner Pantoffeln, knibbelten an den Nähten, kitzelten seine Haut. Dann nahm er mich auf den Arm und ging mit mir zu dem alten Ohrensessel. Und während meine Finger selbstvergessen über die Messingnieten fuhren, las er mir vor, erzählte Geschichten und erklärte Dinge, die ich noch längst nicht verstand. Auch wenn er auf seine typisch englische Weise zurückhaltend, ja, beinahe reserviert war und Gefühle selten aussprach, waren es Momente voller Geborgenheit, in denen ich seine Stimme in seiner Brust vibrieren spürte. Später am Tag nahm er mich mit in die Küche, um nach der Soße zu schauen, die auf dem Herd vor sich hin köchelte und nach Thymian, Oregano, Muskatnuss und gemeinsamem Familienessen duftete.

Abends, wenn meine Mutter nach Hause kam, erfüllt von ihrer Arbeit und neugierig auf uns, kuschelten wir, aßen zusammen. Sie wollte alles von den Abenteuern hören, die ich den Tag über erlebt hatte, von meinen Träumen und Sorgen. Meine Mutter und mein Vater waren immer für mich da, bis heute. Sie gaben mir von klein an das Gefühl, ein eigenständiger, geliebter Teil unserer Familie zu sein. Ich durfte einfach ich selbst sein. Zum Einschlafen las meine Mutter mir vor. Dann schmiegte ich mich dicht an sie, um ihre Wärme in mich aufzusaugen, und träumte, dass ich fliegen und alles erreichen könnte, wenn ich es mir nur gut genug vorstellte.

Wir wohnten damals mitten in Schwabing. Es war ein gewachsenes Viertel aus neoklassizistischen Häuserschluchten und Jugendstilvillen mit ihren reich verzierten Fassaden, sofern der Krieg sie nicht getilgt hatte. Dazwischen ragten zweckmäßige Bauten auf, die die Lücken füllten, welche die Bomben gerissen hatten. Aus den Hinterhöfen reckten sich die Äste der Linden mit ihrem klebrig süßen Geruch. Rechter Hand ging es zum Alten Nördlichen Friedhof. Ein-, zweimal die Woche holte mein Opa mich ab, verschaffte meinem Vater ein wenig Freiraum und ging mit mir im Wald oder auf besagtem Friedhof spazieren. Es war ein magischer Ort, von Baumriesen bestanden, die in den Himmel ragten und den Blick auf die Häuser verdeckten. Zwischen den einzelnen Grabmalen standen vom Regen gezeichnete Bänke, auf denen wir uns niederließen. Während Opa hier heimlich seine geliebten Zigaretten rauchte, krabbelte ich umher und inspizierte den Kies, ließ die Steinchen durch die Finger rinnen und schaufelte sie zu kleinen Hügeln zusammen.

Opa wusste viel zu erzählen. Er zeigte mir die Gräber vom legendären Dichter und Satiriker August »Gustl« Gemming und von Maximilian von Montgelas, dem Erfinder der Bürokratie. Und natürlich von Hermann Lingg, der einst den Münchner

Dichterkreis »Die Krokodile« gegründet hatte. Von ihm stammte mein Lieblingsgedicht, das Opa mir zwischen zwei, drei Zügen von seiner Zigarette aufzusagen pflegte.

DAS KROKODIL ZU SINGAPUR

Im heil'gen Teich zu Singapur
Da liegt ein altes Krokodil
Von äußerst grämlicher Natur
Und kaut an einem Lotusstiel ...

Es ist ganz alt und völlig blind,
Und wenn es einmal friert des Nachts,
So weint es wie ein kleines Kind,
Doch wenn ein schöner Tag ist, lacht's.

Herrmann von Lingg

Das Krokodil mit seinen unaussprechlichen Konsonanten musste mich ungemein fasziniert haben. Und so war nicht Mama, Dad, Opa das erste Wort, das ich sprach, sondern »Kro-ko-dil«.

Auf dem Alten Nördlichen Friedhof lernte ich laufen, stapfte über die unebenen Wege, plumpste auf die Wiese, die im Frühling von Krokussen übersät war, und zog mich an efeuüberwucherten Stelen hoch.

Zu Hause spielte sich mein Leben viel auf dem Boden ab, und sofern Opas Knie es zuließen, gesellte er sich zu mir auf den Perserteppich. Die Muster dienten als Straßen, auf denen meine Matchbox-Autos sich rasante Rennen lieferten. Und dann die

Märklin-Eisenbahn! In meiner Fantasie führten die Gleise mitten hinein in die Alpen. Mein Opa bastelte mit mir eine ganze Kompanie Gebirgsjäger, die wir zusammen anmalten, mit scheckigen Uniformen, die an die Platanen auf einem der Plätze draußen erinnerten. Opa war Soldat gewesen; in der Nazi-Zeit hatte er sich geweigert, der Partei beizutreten, und war an die Ostfront strafversetzt worden. Damals war meine Mutter zwei Jahre alt gewesen, und als er, ausgezehrt und traumatisiert, aus russischer Gefangenschaft zurückkehrte, vierzehn. Für mich war er ein Meister der Taktik; gemeinsam formierten wir die Gebirgsjäger und spielten Schlachten nach. Den Schrecken des Krieges, auch den eigenen, ließ er aus.

HE, KLEINER FRATZ AUF DEM KINDERRAD
GEKONNT HÄLTST DU DIE BALANCE
HE, KLEINER FRATZ AUF DEM KINDERRAD
DU FÄHRST IN DER TOUR D'ELEGANCE
MIT DEN HAAREN IM WIND, AUF DEN WANGEN DIE SONNE
SAUST DU VORBEI WIE DER BLITZ
FLITZ!
HERMAN VAN VEEN

——

Als ich größer wurde, durfte ich hinunter in den Hof. Ich hatte eine kleine Freundin aus dem Nachbarhaus.»Francis«, drang ihre Stimme zu uns herauf.»Kommst spielen?« Dann zog mein Vater mir die Schuhe an, schärfte mir ein, ja im Hof zu bleiben, und ich rannte die knarzenden Stufen hinunter.

Das Tollste war das Dreiradfahren. Waghalsig nahm ich die Kurven und strampelte, was das Zeug hielt. Immer wieder blickte mein Vater hinunter, um sich zu vergewissern, dass alles in Ordnung war. Irgendwann aber öffnete sich das Tor zum Hof, ich roch die Freiheit – und büxte aus.

Mit dem Dreirad fuhr ich ein ganzes Stück die Schellingstraße hinunter, dann nach rechts die Arcisstraße entlang und weiter ums Karree. Meine kurzen Beinchen wurden langsam müde, doch ein unbestimmtes Gefühl von Wildheit, Eigenständigkeit, Stolz trieb mich an. Auf halber Höhe der Heßstraße kam mir mein Vater entgegengerannt. Derart außer sich hatte ich ihn nie zuvor erlebt, das Gesicht fahl vor Angst.

Zu Hause liefen Bachs Goldberg-Variationen auf dem Plattenspieler, mathematisch präzise Leichtigkeit, die mich wieder auf Spur brachte. Ich beschloss, meinen Eltern quasi als Entschädigung eine Freude zu machen. Und als sie abends auf ein Bier und ein Glas Wein in der Kneipe gegenüber waren, packte ich die Schuhe meiner Mum – grüne Lack-Pumps, braune Sandalen und die nigelnagelneuen pinkfarbenen Wildlederstiefel – und trug großzügig schwarze Schuhcreme auf.

Überhaupt beschäftigte ich mich gern mit mir selbst. Oft reckte ich die Nasenspitze über die Fensterbank, blickte hinaus und betrachtete das bunte Leben, das sich um die Geschäfte und Kneipen herum abspielte. Die Art, wie die Menschen sich bewegten, wie sie gingen, redeten … all das erzählte Geschichten, die keine Worte brauchten.

Ich stellte mir vor, in ihre Körper hineinzuschlüpfen. In den Straßenkehrer, der auf seinem Besen lehnte und den Blick schweifen ließ, in den großen Jungen von gegenüber mit dem blonden Stoppelhaar, der eine Beinprothese hatte und stets versuchte, sein Hinken zu verbergen, oder in die merkwürdige Frau, die sich mehrmals nervös umblickte und dann in einem Hausflur verschwand. Die Straßenkneipe an der Ecke war besonders spannend. Die Brust der Männer, die mit jedem Bier breiter zu werden schien, und die gereckten Hälse, wenn ein hübsches Mädchen vorbeiging. Mit Kneipen kannte ich mich aus. In England war ich nämlich schon mal selbst in einem Pub gewesen, mit meinem Dad und meinem Uncle Malcolm. Ein anderes Land und doch die gleichen Dinge, welche die Menschen umtrieben.

KUNST IST EINE REFLEXION UND ERKENNTNIS DES LEBENS. OHNE DAS LEBEN ZU KENNEN, IST ES UNMÖGLICH, ES ZU ERSCHAFFEN.
KONSTANTIN STANISLAWSKI

▬

AUS DER MITTE ENTSPRINGT EIN FLUSS

Mein Vater stammt aus einer kleinen Ortschaft im Norden Englands nahe den Yorkshire Dales, inmitten unberührter Natur. Weite Moore, unzählige Bäche und Flüsse mit breiten Uferstreifen, über die sich verwitterte Brücken spannen, Hügel in einem fast unwirklichen Grün … Zwischen den Weiden verlaufen mit Moos und Flechten bewachsene Steinwälle, die vor Jahrhunderten mühevoll von Gefangenen Stein auf Stein errichtet wurden. Und dann die Ruinen der Abbeys, Pendragon Castle weiter im Norden, das der Legende nach von König Arthurs Vater erbaut wurde, und der einsam auf einem Hügel stehende Blacko Tower, auf dem wir als Kinder spielten … Hier ist noch viel zu spüren von der Geschichte der Insel. Kelten, Wikinger, Römer, sie alle haben ihre Spuren in der Landschaft und den Menschen hinterlassen.

Ich liebte die Ferien dort, in denen mein Dad und ich gemeinsam durch die Flusstäler streiften. Mit großen Augen hörte ich ihn von den Lachsen erzählen, die sich vom River Ribble aus auf die unfassbar weite Reise durch die Irische See bis in den Atlantik machten, um schließlich hierher, zu ihrer Kinderstube, zurückzukehren und zu laichen. Solch ein gewaltiger Kreislauf des Lebens! Mir war es ein Rätsel, wie sie ohne Kompass und Landkarte nach Hause finden konnten, und zugleich hatte die Vorstellung etwas Beruhigendes. Dass man immer wieder dorthin zurückfindet, wo man hingehört.

In England lernte ich tiefen Respekt vor der Natur und ihren Wundern. Überhaupt hielten die Aufenthalte einige Lektionen für mich bereit.

Da ich zweisprachig aufwuchs, fand ich mich schnell zurecht und verbrachte viel Zeit mit meinem Grandpa und meiner Granny, mit Onkel und Tante und Cousins und Cousinen. Hier verband sich mein Dad mit seinen Wurzeln, und so wie er waren auch die anderen: ruhiger, geduldiger, zurückhaltender als die Leute daheim in München. Meine englischen Verwandten schlossen mich ins Herz, doch auf eine stille, distanziertere Art. Nicht minder tief, für Außenstehende aber schwerer abzulesen.

Zugleich lernte ich hier zum ersten Mal, wie bitter es schmeckt, ausgegrenzt zu werden. Mein Vater war zum Außenseiter geworden, indem er nicht nur nach Cambridge ging, sondern auch noch ausgerechnet eine Deutsche geheiratet hatte. Den Erzfeind. Die Wunden, die beide Weltkriege gerissen hatten, waren in den Menschen noch allgegenwärtig. Da war zum Beispiel Uncle Bill. Er war mit den Alliierten in Sizilien an Land gegangen; vor Monte Cassino hatte er einen Bauchschuss aus einem deutschen Maschinengewehr abbekommen und wäre um ein Haar gestorben. Dennoch ließen die Erwachsenen sich mir gegenüber nichts anmerken. Es waren die Kinder, die eifrig mit dem Finger auf mich zeigten, die mal leiser, mal lauter über mich herzogen und mir zum ersten Mal im Leben das Gefühl gaben, an mir sei etwas grundfalsch. Das war ein Moment, in dem etwas in mir zersprang, mir die kindliche Unschuld genommen wurde. An ihre Stelle traten Unsicherheit, Verwirrung, Scham.

Solche Erfahrungen machen wir alle früher oder später: Irgendwann verlassen wir das Nest der elterlichen Liebe und erkennen, dass die Außenwelt nicht zwingend wohlwollend ist. Dass man uns anders haben will, als wir sind. Älter, jünger, dicker, dünner, reicher, ärmer, was immer. Plötzlich werden Liebe, Zuneigung, Anerkennung nur in kalkulierten Rationen verteilt: an Menschen, die einem ähneln und einen damit bestätigen, Menschen, von denen man sich etwas verspricht: Ansehen, Geld, Sicherheit ... Aber wahre Liebe ist das nicht, denn die ist bedingungslos und hat keinen anderen Wunsch, als sich zu erfüllen ...

Mir hätte es schon gereicht, wenn mich die Nachbarskinder gemocht oder wenigstens in ihren Reihen geduldet hätten. Doch sie machten sich über mich lustig, setzten mich herab. Misstrauen und Feindseligkeit schlugen mir entgegen. Hier war ich »der Deutsche«, der Sohn von dem, der weggegangen war und eine Feindin geheiratet hatte. Sie sahen nicht mich als Person, sie sahen nur ein Bild von mir, etwas, das sie glauben wollten ... was sie dachten, glauben zu müssen. Und gegen falsche Bilder, Vorstellungen und Labels, die Menschen sich von einem machen, kommt man nur schwer an. Eigentlich gar nicht.

Warum es ausgerechnet die Kinder waren? Ich weiß es nicht. Vielleicht, weil sie noch nicht so »educated« waren, sondern aussprachen, was ihre Eltern nur flüsterten, dachten, fühlten?

Ein Prädikat verpasst zu bekommen, heißt, geprägt zu werden. Prägungen können positiv sein, unterstützend, können aufs Leben vorbereiten und einem Kind alles Rüstzeug mitgeben, das es je braucht. Urvertrauen. Sicherheit. Selbstwertgefühl. Die Gewissheit, dass das Leben schön und lebenswert ist, dass Hindernisse überwunden werden können, dass alles Potenzial in einem selbst ist. Negative Prägungen aber verzerren das Bild, das sich ein Kind von der Welt macht. *Das schaffst du nie! Sei bescheiden! Du bist ein Außenseiter, ein Loser. Wenn es so einfach wäre, wieso hat es dann noch keiner gemacht?* Solche Aussagen sind wie ein Brandzeichen. Wie das Hochlandrind, das zu Boden gezerrt wird und ein glühendes Eisen ins Fleisch gedrückt bekommt – so fühlte ich mich. Es tat weh. Weh auf eine Art, dass ich mich zutiefst schämte und mich daher nicht traute, mit meinem Dad darüber zu sprechen.

Nachts weinte ich manchmal. Doch bei Tag vertrieb ich die verwirrenden Gefühle. Da gab es so viel zu entdecken. Von meinem Grandpa lernte ich etliches über Gartenarbeit und wie man am besten Champignons züchtete – eigentümlicherweise geschah das grundsätzlich in einem Schrank in seinem Schlafzimmer –, die es dann sonntags zum Roastbeef und Yorkshire Pudding gab. Mein Onkel versprach, mir das Fliegenfischen beizubringen. Wie oft hatte ich meinen Vater und die größeren Kinder beim Fischen beobachtet! Es wurde nur gefangen, was auch gegessen wurde, und das war eine weitere Lektion: dass das Leben mit Tod einhergeht und das Tier, das sein Leben für uns lässt, Respekt verdient, Dank.

Ich träumte davon, den größten Fisch zu fangen, von dem alle satt werden würden. Dann würden die anderen Kinder staunen, sehen, dass ich doch zu etwas nutze war, und mich vielleicht mitspielen lassen.

Die Realität war zunächst ernüchternd. Mein Vater und mein Onkel zeigten mir die Technik des Fliegenfischens, die gar nicht so einfach war, wie ich gedacht hatte. Ich musste die leichte Schnur wie bei einem Peitschenhieb zurückziehen, um sie mit Schwung auszuwerfen. Mal verhedderte sie sich, mal sank sie schlaff zu Boden oder landete mehrere Meter vor dem Ziel. Zu allem Überfluss schickte Uncle Malcolm mich mit der Angel hinters Haus. Dort, mitten auf der Wiese, sollte ich üben, bis ich den richtigen Rhythmus gefunden hätte. Von Wasser keine Spur, da gab es nicht mal eine Pfütze. Die Nachbarskinder lauerten hinter der Hecke und lachten sich scheckig über mich. Ihre Missgunst aber stachelte mich an. Jetzt erst recht! Und als ich schier endlose Tage später an einem Bach die Angel mitsamt der künstlichen Fliege auswerfen durfte und irgendwann tatsächlich ein Fisch anbiss, da platzte ich fast vor Stolz.

Mein Dad und Uncle Malcolm nahmen mich mit in den Pub und erzählte allen von meiner Heldentat. »Our lad Francis caught his first big fish!«, riefen sie. Die Männer im Pub klopften mir anerkennend auf die Schulter oder wuschelten mein Haar. Und mit jedem Schluck, den mein Dad und mein Onkel von dem dunklen, malzig riechenden Bier nahmen, wuchs der Fisch in seiner Erzählung, bis es tatsächlich der weltgrößte war. Als ich an diesem Tag ihr Lachen sah und die innige Verbundenheit der Brüder spürte, begriff ich, was mein Vater meinte, wenn er sagte: »Flyfishing is not all about catching fish.«

Abends wurde das Prachtstück über dem offenen Feuer gegrillt, und ich spürte die entgegengesetzte Seite des Außenseitertums: Dazugehörigkeit.

An die Angel gegangen: beim Fliegenfischen
in Nordengland

ERSTE LIEBE

Später zogen wir in einen Vorort im Norden Münchens, nach
Ismaning. Hinter dem Haus erstreckten sich Wiesen und Felder,
an die sich der Wald anschloss. Hier konnte ich stromern, mich
austoben. Im Winter knirschte der Schnee unter den Stiefeln, ich
lieferte mir Schneeballschlachten mit den Kindern aus der Nachbarschaft und matschte im Tauwetter herum. Wenn der Sommer
Einzug hielt, explodierten die Farben – blaue Kornblumen, roter
Klatschmohn, knallgelbe Butterblumen. Ich beobachtete die Bie-
nen, die wie Miniatur-Hubschrauber auf den Kleeblumen lande-

ten und in den purpurnen Kronen verschwanden. In den Ginster-
hecken und dem nahen Wald zwitscherten unzählige Vögel. Schon
auf dem Alten Nördlichen Friedhof hatte mich der Gesang der
kleinen gefiederten Wesen fasziniert. Jetzt ahmte ich sie nach: die
zirpenden Meisen, die flötenden Amseln, den ratschenden Eichel-
häher.

Mit meinem Vater unternahm ich ausgedehnte Spaziergänge
an der nahen Isar, deren Wasser mal voller Treibgut aus den Bergen und mal glasklar war, sodass wir die Fische in der Strömung
erkennen konnte: spindelförmige Forellen, riesige Huchen mit
ihren lang gestreckten Köpfen, Barben, Elritzen und ganz selten
auch mal einen grünlich schillernden Stichling. Wenn der Wasser-
stand niedrig war, kletterten wir auf die Kiesbänke und suchten
flache Steine, um sie über das Wasser flitschen zu lassen.

Besonders hatte es mir der nahe Wald angetan. In meiner Fantasie
pirschte ich als Indianerhäuptling auf dem Kriegspfad und verbarg
mich in Baumverstecken. Wenn ein Sturm aufkam, bogen sich die
schlanken Buchen, sodass die Stämme aneinanderrieben, ein so
klagender Ton, dass er einen Gruselfilm hätte untermalen können.
Am Waldrand stand eine dicke Eiche; mein Vater erzählte mir, dass
sie bis zu tausend Jahre alt werden konnte – eine Zahl, die mir geradezu biblisch erschien. Die Eiche wirkte so mächtig und weise
auf mich. Was sie wohl alles gesehen hatte? Welche Geschichten
sie erzählen mochte? Oft ging ich allein dorthin, verlor mich im
Spiel und meinte, Wald- und Erdgeister flüstern zu hören.

WER NICHT AN WUNDER GLAUBT, IST KEIN REALIST.
DAVID BEN-GURION

—

So verträumt ich auch war, hatte ich es doch faustdick hinter den Ohren. Eine richtige Gaudi war es, den Bauern zu ärgern, dessen Felder sich von den Wiesen hinterm Haus bis zum Unterholz am Waldrand erstreckten. Damals war es noch üblich, dass Bauern einen Streifen Unterholz stehen ließen, um die Brut- und Nistmöglichkeiten für Fasane, Schnepfen, Rotkehlchen und Zaunkönige zu erhalten. Heute ist dies wegen Profitgier, Glyphosat und anderer Pestizide nicht mehr überall möglich, und viele Vögel verschwinden deshalb leider für immer.

Im Sommer wuchsen Mais und Reihen glänzender Kohlköpfe auf dem Feld. Gemeinsam mit einer Handvoll anderer Kinder schälten wir die obersten Blätter ab und nagten wie freche Mäuse mit unseren Zähnen im Kohl. Das war ein Spaß! Und während wir den Bauern aus unserem Versteck heraus fluchen hörten, hielten wir uns die Bäuche vor Lachen und kriegten uns nicht mehr ein. Besser hatte Gemüse nie geschmeckt.

Wenn es warm war, lag ich auf der Wiese und betrachtete die Wolken. In meiner Fantasie spielten sie miteinander, balgten sich und zogen wieder ihrer Wege. Traumfiguren entstanden, manche ähnelten Drachen, andere hatten keinen Namen in der Welt der Erwachsenen.

Was meinen späteren Beruf anging, lag es auf der Hand – ich wollte Indianer werden, alternativ Cowboy im Wilden Westen oder Präsident. Als ich meinen Eltern davon erzählte, lachten sie und klärten mich auf, dass es Winnetou, Old Shatterhand und wie sie alle hießen, nicht in echt gebe, sondern dass sie von Schauspielern verkörpert würden. »Dann werde ich halt Schauspieler«, sagte ich pragmatisch, und damit war das Thema erledigt. Ein Leben lang spielen und dafür bezahlt werden ... etwas Besseres konnte ich mir nicht vorstellen.

Sommerlicher Leckerbissen: Kohlblätter
direkt vom Feld

Die Schulzeit bescherte mir die ersten tiefen Freundschaften, und als Einzelkind, zumal als Außenseiter, bedeuteten sie mir alles. Natürlich hörte ich auf dem Pausenhof das Gewisper, spürte die misstrauischen Blicke. Der kommt aus München, hält sich bestimmt für was Besseres. Die Mutter von dem arbeitet »beim Amerikaner«. Der Vater soll ein Ausländer sein und hockt den ganzen Tag zu Hause ... Und was hat der überhaupt für einen doofen Namen? Die Eltern hätten den doch einfach Franz nennen können, was bilden die sich denn ein ... Hieß doch ein Gutteil der männlichen Einwohner des Ortes seit jeher Franz oder Josef oder beides zusammen.

Meine echten Freunde aber hielten zu mir, da war ich mir sicher. Die Eiche am Waldrand war geheiligter Boden, und hier führte ich sie hin: Markus, Petra und Paul, Mitglieder unserer legendären »Baum-Bande«. Bei jedem unserer Treffen stellten wir uns rund um den Baum auf und streckten die Kinderarme weit aus, sodass sich unsere Fingerspitzen gerade so eben berührten. Dann sagten wir in heiligem Ernst unseren Schwur auf: »Was hier passiert, bleibt hier, und wer's verrät, ist verflucht.«

Und was dort alles geschah! Die Eiche diente als Marterpfahl, an dem wir Petra als Geisel festbanden, um sie anschließend als todesmutige Cowboys mit großem Gejohle wieder zu befreien. Wir waren verwegene Goldräuber, die in der Höhle im Baumstamm ihren Schatz verbargen. Wir kämpften als römische Gladiatoren mit blutrünstigen Bestien und überwanden als Raubritter unaussprechliche Gefahren. Wir brauchten kein Spielzeug, denn wir hatten unsere Fantasie.

Paul war eineinhalb Jahre älter als wir, er hatte die erste Klasse wiederholen müssen. Jegliche Hänseleien schienen von ihm abzuprallen, er war immer schnell mit den Fäusten und der Platzhirsch der

Gegend. Sein Vater hatte einen Getränkemarkt im Nachbarort und fuhr einen dicken Opel Manta mit Fuchsschwanz an der Antenne, der so hochgetunt war, dass die ganze Nachbarschaft wusste, wann oder ob er abends nach Hause kam. Markus und Petra waren Geschwister, ihre Mutter arbeitete in einer kleinen Änderungsschneiderei gegenüber vom Friedhof. Es hieß, der Vater sei gewalttätig gewesen, und man munkelte, er sitze im Gefängnis. Aber Genaueres wusste niemand von uns. Im Stillen wunderte ich mich, dass Markus und Petra ihn so gar nicht vermissten. Aber wahrscheinlich waren sie einfach nur froh, dass sie nicht mehr jeden Tag verprügelt wurden.

Und dann war da Hermine. Sie hatte gar keinen Vater, weder einen liebenden noch einen prügelnden. Sie wohnte mit ihrer Mutter in einer winzigen Wohnung in der Neubausiedlung, die jenseits der Dorfstraße hochgezogen worden war. Lieblose Kästen, ein Haus wie das andere. Aber für sie war es ein Zuhause. Auf dem Schulhof hieß es, dort lebten nur »Asoziale«. Ich hatte keine Ahnung, was das bedeutete, und dass man den Gesetzen des Schulhofs zufolge dort nicht hinging, war mir auch egal. Denn immerhin war sie das schönste Mädchen, das ich je gesehen hatte, mit langen blonden Haaren und Augen, deren Grün mich an das Flussglas erinnerte, das ich mit meinem Vater auf den Kiesbänken der Isar gesammelt hatte.

Paul passte es gar nicht in den Kram, dass Hermine mit zu unserer Bande gehören sollte, doch ich bestand darauf, schließlich war die Baum-Bande ursprünglich meine Idee gewesen. Hermine gehörte zu uns, basta. Derartigen Widerspruch war Paul nicht gewohnt, und als ich an einem Sommertag mit Hermine bei der alten Eiche auftauchte, baute er sich vor uns auf und verlangte, dass sie eine Mutprobe machte und eine fette Spinne aß. In feiner englischer Manier zog ich eine Augenbraue hoch und beschloss, ihn zu ignorieren. Schnaubend ballte Paul die Fäuste und ging in Angriffsstellung.

»Das werden wir noch sehen, wer hier der Chef ist!«, rief er drohend.

Ich prustete los. »Du führst dich echt auf wie ein Neandertaler.« Als Hermine in mein Lachen einfiel, lief Paul rot an und stapfte davon.

In den folgenden Tagen verlegte er sich aufs Provozieren. Wann immer er mich sah, stichelte und stänkerte er. Ich tat, als träfen mich seine Gemeinheiten nicht, und baute darauf, dass sich alles wieder einrenken würde. Schließlich pflegte mein Dad immer zu sagen, der beste Kampf sei der, welcher nicht stattfinde.

Ein paar Tage darauf war ich nach Unterrichtsende mal wieder spät dran; ich hatte noch meine Malsachen zusammengekramt und gar nicht mitbekommen, dass die anderen längst das Schulhaus verlassen hatten. Weil ich den Bus verpasst hatte, kletterte ich über den Maschendrahtzaun hinter der Schule und lief über das kleine Feld in Richtung Friedhof. Als ich am Freibad vorbeikam, kitzelte der Geruch von Chlor meine Nase. Kaum bog ich um die Ecke, sah ich mich einem Pulk von vielleicht fünfzehn Schülern gegenüber. Ich runzelte die Stirn. Was war denn hier los?

Da trat Paul aus der Gruppe vor, ein hämisches Grinsen im Gesicht. Mir wurde siedend heiß. Mein Blick flog über die Anwesenden, ich entdeckte Hermine, die etwas abseits stand und weinte. Ich wollte zu ihr, doch da riss Paul mir den Ranzen vom Rücken und schleuderte ihn zu Boden.

»Sag mal, spinnst du?«, schrie ich.

Diesmal war es Paul, der lachte. Mir wurde ganz flau im Magen.

»Fran-cis frisst heut Spin-nen«, skandierte er und sah sich effektheischend um.

Einen Atemzug lang schien die Zeit stillzustehen, dann hörte ich, wie einer nach dem anderen in seinen Singsang einfiel:»Francis frisst heut Spin-nen, Fran-cis frisst heut Spin-nen ...«

»Und die Hermine auch!«, schob Paul hinterher.

Es tut verdammt weh, wenn vermeintliche Freunde sich gegen einen verbünden, egal, wie alt man ist. Doch mir blieb keine Zeit, diesem stechenden Gefühl nachzuspüren. Fieberhaft überlegte ich. Von meinen Eltern hatte ich drei Dinge gelernt. Erstens: Immer höflich sein. Zweitens: Weglaufen, wenn es brenzlig wird. Und drittens: Wenn es keinen Ausweg gibt, kämpfen! Höflichkeit war keine Option, weglaufen leider auch nicht, denn das hätte bedeutet, Hermine der Meute zu überlassen. Das Herz pochte mir bis zum Hals, doch ich durfte jetzt nicht feige sein!

Anders als ich verplemperte Paul keine Zeit mit Analysieren. Unter dem Gejohle der anderen Kinder krempelte er die Ärmel hoch und spuckte sich in die Handflächen. Die Sonne gleißte in seinem Rücken, und so sah ich den ersten Schlag nicht kommen. Ich spürte einen dumpfen Schmerz im Gesicht und hörte die Häme der anderen, als ich strauchelte. Den nächsten Angriff wehrte ich unbeholfen ab.

»Hau drauf, Paul! Zeig's dem!«, schrie einer der Jungs. Ein schneller Blick verriet mir, es war Martin. Vergangene Woche erst hatte ich ihn die Hausaufgaben abschreiben lassen. In mir kochte Wut empor, ein so düsteres, abgründiges Gefühl, das ich in dieser Dimension nie zuvor gespürt hatte. Adrenalin schoss durch meine Adern, wie entfesselt ging ich auf Paul los.

Er war größer als ich und nahm mich mit Leichtigkeit in den Schwitzkasten. Ich spürte den Schweiß auf seinen Armen, roch den ranzigen Geruch seiner Haut und bekam panische Angst zu ersticken. Mit einem beherzten Tritt gegen sein Schienbein schaffte ich es, mich zu befreien. Ein weiterer Tritt, und er ging zu Boden.

Das Triumphgefühl währte nicht lange. Im nächsten Moment zog er an meiner Hose, bekam mein Bein zu fassen, und ich landete mitten auf dem trockenen Lehmweg. Mein Hinterkopf schlug dumpf auf dem Boden auf. Mehrere Herzschläge lang schien ich wie von einem Wattekokon umgeben zu sein. Das Schreien und Eifern der anderen drang nur von fern an mein Ohr. Alles, was ich hörte, war mein keuchender Atem. Mühsam rappelte ich mich auf und schüttelte die Benommenheit ab.

»Los, Paul, mach ihn fertig!«, grölte die Meute. Dazwischen hörte ich immer wieder Hermines verzweifelte Rufe: »Aufhören, um Gottes willen, hört endlich auf … Bitte!« Aber daran war nicht zu denken.

Wenig überraschend gewann Paul erneut die Oberhand, seine Faustschläge gingen wie Trommelfeuer auf mich nieder. Ich spürte den metallischen Geschmack von Blut im Mund, als ein Hieb meine Lippe traf, und spuckte angewidert aus. Irgendwann gelang es mir, den Spieß umzudrehen, jetzt war ich derjenige, der Paul einen Schlag nach dem anderen verpasste. Das Ganze kehrte sich noch mehrmals um, bis wir schließlich vollkommen erschöpft, blutend und verdreckt voreinander knieten und fast gleichzeitig »Gibst du auf?« schnaubten.

Doch die Umstehenden hatten noch längst nicht genug, und wie im Blutrausch peitschten sie Paul auf. So droschen wir aufs Neue aufeinander ein. Schließlich waren wir so am Ende, dass wir nur noch hin und her taumelten. Unsere Blicke trafen sich. Im nächsten Moment fielen wir uns in die Arme, ausgepumpt und erschrocken über die archaischen Gefühle, die uns mitgerissen hatten. »Frieden!«, nuschelten wir unisono und ließen voneinander ab.

Ich hatte einige Haarbüschel gelassen und ein dickes Veilchen, Paul blutete aus der Nase und hatte einen Schneidezahn verloren. Humpelnd zog er mit der Meute davon, die ihn feierte wie einen siegreichen Gladiator. Ich suchte weinend nach meinem Schuh, den ich im Eifer des Gefechts verloren hatte, als plötzlich Hermine näher kam. Augenblicklich verkniff ich mir die Tränen. Sie nahm mein Gesicht behutsam zwischen die Hände und strich vorsichtig mit dem Daumen über meine Wangen. Ich hielt die Luft an, und ganz langsam, wie in Zeitlupe, küsste sie mir den Schmerz weg.

Ein Kribbeln durchfuhr mich, wie ich es bis dahin noch nie verspürt hatte. Ausgehend von der Stelle, wo ihre weichen Lippen meine Haut berührt hatten, breitete es sich wie ein warmer Frühlingsschauer aus und erfüllte mein Herz. Worte tanzten auf meiner Zungenspitze, doch keines mochte so recht zu diesem Moment passen.

ALLES GEBEN DIE GÖTTER, DIE UNENDLICHEN,
IHREN LIEBLINGEN GANZ,
ALLE FREUDEN, DIE UNENDLICHEN,
ALLE SCHMERZEN, DIE UNENDLICHEN, GANZ ...
JOHANN WOLFGANG VON GOETHE

———

Ich schluckte. »Da tut es auch weh«, sagte ich dann und deutete auf meine Stirn. Hermine küsste sie, und in den folgenden Minuten war ich eifrig damit beschäftigt, ihr immer neue Stellen zu zeigen, die etwas abbekommen hatten. Ihre Berührungen waren so sanft wie die Flügelschläge der Schmetterlinge, die manchmal auf mir landeten, wenn ich still auf der Wiese hinterm Haus lag. Und sie zauberten allen Schmerz und alle Scham weg.

Ich war beseelt. Und als wir uns für den nächsten Morgen an der Bushaltestelle verabredeten, fühlte ich mich, als tanzten sämtliche Schmetterlinge der Welt um mich herum und um die Wette.

Als ich nach Hause kam, rief meine Mutter erschrocken: »Um Himmels willen, Francis! Wie siehst du denn aus?! Was, in Gottes Namen, ist passiert?«

Mein Vater runzelte die Stirn, strich sich mit einer typischen Bewegung die langen Haare aus dem Gesicht und sagte trocken: »Der Junge ist verliebt.«

Ich grinste verschmitzt. Meine Mutter versorgte meine Wunden und holte die Bürste aus dem Schrank, um den gröbsten Schmutz aus Hose und Hemd zu entfernen.

»Wer hat dich denn bloß so zugerichtet?«, wollte sie wissen. »Ich werde sofort mit den Eltern telefonieren.«

»Nein«, sagte ich entschieden, entwand mich ihr und humpelte in mein Zimmer.

»Lass ihn doch«, sagte mein Vater, woraufhin meine Mutter seufzend erwiderte: »Na gut, aber du nähst die Löcher und wäschst sein Zeug.«

Mit den verdreckten Sachen legte ich mich aufs Bett. Ich griff nach Foxi, meinem Lieblingsstofftier, und verkündete ihm in strahlendem Stolz: »Ich bin verliebt«, als hätte ich den totalen Durchblick.

LIEBE IST DER SAUERSTOFF DES LEBENS,
DAS, WAS WIR ALLE AM MEISTEN BRAUCHEN UND SUCHEN.
TONY ROBBINS

——

Am nächsten Morgen wartete Hermine an der Bushaltestelle, als ich dort eintraf. Mein Herz machte einen kleinen Hüpfer. Ich hatte gar nicht gewusst, dass es solche Gefühle gab! Hand in Hand gingen wir zur Schule. Später traf ich sie an der Eiche. Der Rest der Baum-Bande war nicht gekommen, aber an diesem Tag machte mir das nichts aus. Ich sammelte all meinen Mut zusammen und gab ihr einen Kuss. Auf den Mund!

Vier Tage später stand Hermine nicht an der Haltestelle. Ich wartete eine Weile, sah mich immer wieder um, konnte sie aber nirgends entdecken. Hoffentlich war sie nicht krank geworden!

Als ich in die Schule kam, scharten sich meine Klassenkameraden um den Eingang und tuschelten aufgeregt. Ich bahnte mir einen Weg durch die Menge, und da sah ich sie: Hermine und Paul, Hand in Hand. Er grinste sie an, sodass die Zahnlücke aufblitzte. Im nächsten Moment gab er ihr einen Kuss.

Mein Herz zog sich zusammen, so klirrend kalt war es mit einem Mal in mir. Ich spürte, wie meine Augen brannten, und biss die Zähne gegen die aufsteigenden Tränen zusammen. Dann gab ich mir einen Ruck und lief möglichst cool an den beiden vorbei ins Klassenzimmer.

»Loser«, riefen Pauls Vasallen mir nach.

DER ERSTE SCHNITT IST DER TIEFSTE …
CHRIS COLFER

—

Vom Unterricht bekam ich an jenem Tag kaum etwas mit. Meine Gedanken drehten sich wie ein Brummkreisel. Ich begriff einfach nicht, was passiert war. Da waren diese kribbelnden Gefühle gewesen, aufregend, wolkengleich. Und jetzt?

Natürlich suchte ich nach Gründen, ob sieben, siebzehn oder siebenundvierzig, man geht immer in die gleiche Falle. Bin ich nicht gut genug? Was stimmt mit mir nicht? Warum bin ich gescheitert? Bin ich im falschen Film? Bin ich nicht liebenswert, nicht der Liebe wert?

Zu Hause redete ich mit keinem darüber. Ich fraß alles in mich hinein, die Ablehnung, die Ausgrenzung, die erneute Unsicherheit. Es tat so weh. Und ich schämte mich unendlich vor mir selbst und der Welt.

Jahrzehnte später, auf einem Seminar bei Tony Robbins, erinnerte ich mich an jene Gefühle in all ihren Einzelheiten. Umgeben von anderen Sinnsuchenden, öffnete ich mein Herz und ließ zu, meine erste gescheiterte Liebe noch einmal in all ihren Facetten zu durchleben und anschließend in eine neue, heilsame Perspektive zu rücken. Ich begriff: Das Außen und mit ihm auch andere Menschen entziehen sich unserer Kontrolle. Doch wir können auf uns selbst, auf unsere Gedanken Einfluss nehmen und unser Leben jederzeit zum Guten verändern.

NOTIZ AN MICH

Was wäre, wenn …
Was wäre, wenn ich mit meinem kindlichen Ich sprechen könnte? Wir können die Vergangenheit nicht ändern. Aber wir sind es, die bestimmen, an welchen Erinnerungen wir festhalten und von welchen wir uns in der Gegenwart befreien. Welche wir in einen anderen, heilsamen Rahmen setzen.

Als Kind hatte ich nicht einmal gewusst, dass der Schmerz sich wie ein Splitter unter meiner Haut festgesetzt und eine Wunde geschaffen hatte, die mit jeder neuen Enttäuschung tiefer geworden war. Jeder einzelne Verlust, jede einzelne Zurückweisung schwären in

TAGEBUCH

San Francisco, 16. Juni 2019

Bin total geplättet!
Heute während des Workshops kam prompt die
Erinnerung an meine erste Liebe auf. Ich hatte
die Zeit völlig vergessen. Verdrängt wohl
eher ...
Wir haben eine Übung gemacht, und plötzlich
war alles wieder da. All die Details, die
Verletzungen, der Schmerz, als würde sich ein
Schwert in mein Herz bohren. Wie kann das sein?
Nach so langer Zeit? Was schleppen wir nur für
Seelenballast mit uns herum?
Gott sei Dank verankerte Tonys ruhige Stimme
einen Teil meines Selbst im Hier und Jetzt.
Er führte uns zurück, und als ich aus meiner
Trance erwachte und die Augen öffnete, spürte
ich die Hände mehrerer Seminarteilnehmer auf
mir. Sie erdeten mich. Ich fühlte mich wieder
geborgen, wie damals bei meinen Eltern, vor der
Trennung. Mir liefen die Tränen über das
Gesicht. Tränen der Freude. Und ich begriff,
ich kann die Vergangenheit nicht ändern, aber
ich kann sie im Heute transformieren. So wie
Alchemisten im Mittelalter aus Blei Gold
machten, würde ich ab jetzt aus Schmerz den
Sieg schmieden. Step by step.

uns, bis wir uns ihnen stellen und den Splitter ziehen. Es ist ein Teufelskreis. Jedes Mal, wenn wir uns in einer ähnlichen Lebenssituation befinden, tendieren wir dazu, uns an das Trauma zurückzuerinnern, an die Erfahrung und die damit verbundene Emotion. Diese projizieren wir dann auf die aktuelle Situation. Anstatt die Gegenwart neu zu erleben, greifen wir auf das bereits Bekannte zurück und geraten so unweigerlich in eine Wiederholungsschleife.

NOTIZ AN MICH

Wir müssen uns Liebe nicht verdienen!
Müssen nicht etwas an uns ändern, um
überhaupt erst liebenswert zu sein.
So, wie wir sind, sind wir richtig.

Dabei ist die Wahrheit hinter einer zerbrochenen Liebe ebenso einfach wie klar. Nichts ist »für immer«. Unsere Gefühle, ob schön, ob tief, ob erhaben, ob schmerzlich, sie alle sind vergänglich. Wir können sie ebenso wenig festhalten wie konservieren. Und wenn wir endlich lernen, im »Augen-Blick« zu leben, können wir die guten Momente feiern und die schlechten in dem Wissen betrachten, dass auch sie vorübergehen.

NICHTS IST FÜR IMMER

Damals aber war ich weit davon entfernt, in dem, was vorgefallen war, eine Lektion zu erkennen. Also litt ich still vor mich hin.

Zum Glück hatte ich meine Zuflucht – meinen Vater und

TAGEBUCH

München, Januar 2022

Wir können nicht wirklich leben, ohne uns
Blessuren zuzuziehen. Doch nicht jede Verletzung muss eine dauerhafte Narbe in der
Psyche hinterlassen. Die Frage ist immer, wie
man damit umgeht. Schweigen, tapfer ertragen -
warum? Tapferkeit ist eine hehre Tugend, schön
und gut. Aber unser Visier und unser Herz zu
öffnen, die eigene verletzte Seele zu offen-
baren, erfordert manchmal den größeren Mut.
Wear your scars, not your stars.
Dabei gibt es keine Garantie, gehört und
gesehen zu werden, denn wir leben in einer
Gesellschaft, die glaubt, es sei wichtiger,
das letzte Wort zu haben, als den ersten
Schritt zu tun. Wie soll es Frieden auf der
Welt geben, wenn wir nicht einmal in der Lage
sind, die eigenen Dämonen zu besiegen?

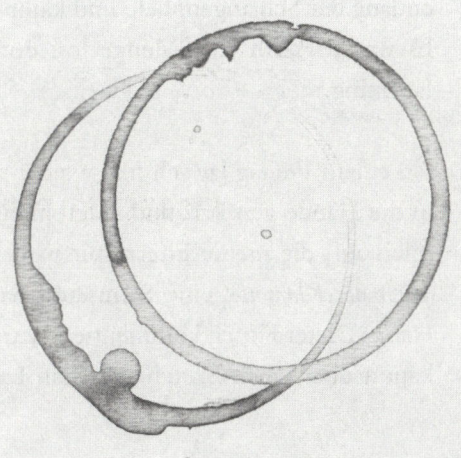

meine Mutter. Ihre Nähe schien so unverrückbar. Abends, bevor ich einschlief, hörte ich Musik aus dem Wohnzimmer zu mir dringen. Vielleicht unterhielten sie sich oder tanzten, stritten, liebten sich ... Hauptsache, sie waren da, beide.

Mein Vater und ich teilten uns nach wie vor unser eigenes Refugium. Konzentriert saß er am Schreibtisch, während ich auf dem Teppich lungerte, Hausaufgaben machte und in intensiven Farben und mit breitem Pinselstrich malte. Das Malen erdete mich, bot all den widerstreitenden Gefühlen in mir einen Kanal. Oft fläzte ich auf einem der beiden Sitzpoufs, der eine beige, der andere beduinenrot. Während meine Finger die eingestanzten Muster entlangfuhren, versetzte ich mich in ferne Länder. Ägypten schien voller Geheimnisse zu stecken. Wenn meine Mutter von dem Leben in Alexandria erzählte, von der Zitadelle, den Katakomben und Soukhs, packte mich die Abenteuerlust, und ich versuchte mir auszumalen, wie groß die Welt wirklich war. Unvorstellbar groß, unvorstellbar vielfältig, und alles schien nur darauf zu warten, dass ich alt genug wurde, um loszuziehen. Aus dem Schrank meiner Mutter holte ich mir ein Tuch, band es mir turbangleich um den Kopf und folgte in meiner Fantasie den Spuren der Beduinen. Der Acker verwandelte sich in die Wüste, ich ritt entlang der Schlangenpfade und kämpfte mit Karawanenräubern. Es war wirklich jede Menge los, dort hinter unserem Haus in Ismaning.

An einem Freitag lag ich mal wieder auf dem Teppich, das Kinn in die Hände gestützt, und saugte die halbe Stunde Fernsehen in mich auf, die meine Eltern mir in der Woche erlaubten. Es lief *Väter der Klamotte,* eine Sammlung von Stummfilmen, die von Hanns Dieter Hüsch kommentiert wurden. Ich lachte mich gerade kaputt über einen Sketch von Stan Laurel und Oliver Hardy, als meine Eltern ins Wohnzimmer kamen und sich auf die Couch setzten. Ich achtete nicht weiter auf sie, die Sendung war einfach zu lustig. Doch dann bat mich mein Vater, den Fernseher auszumachen und mich zu ihnen zu setzen. Zögernd riss ich mich vom Bildschirm los. Da bemerkte ich aus dem Augenwinkel die ernsten Gesichter der beiden. Auweia, was hab ich diesmal ausgefressen, dachte ich noch.

Meine Eltern wechselten einen betretenen Blick. Dann sah mich mein Vater an, holte Luft und sagte:»Deine Mutter und ich … wir haben beschlossen, uns zu trennen.«

Das Wort»trennen« hallte wie ein Tsunami in meinem Ohr nach. Nichts hatte mich auf solch einen Moment vorbereitet. Mir blieb die Luft weg. Mein Dad und meine Mama – getrennt? Aber warum? Und wie sollte das denn überhaupt gehen, wo sollte ich leben, bei wem und vor allem – wie? Wie sollte ich das aushalten ohne einen von ihnen?

Mein Herz schlug dumpf. Die Worte meiner Eltern zogen an mir vorbei, ich saß wie paralysiert vor ihnen. Ich wollte nicht reden und schon gar nicht in den Arm genommen werden, so überwältigt war ich vom Schmerz.

Lange lag ich an diesem Abend wach, Foxi fest an mich gedrückt. Es fühlte sich an, als stürzte ich in einen Abgrund, und ich konnte mich nirgends festhalten, nicht an meiner Mutter, nicht an meinem Vater. Auf nichts und niemanden war noch Verlass.

Irgendwann schälte sich ein Gedanke aus diesem Wust an dunklen Gefühlen. Wenn meine Eltern nicht mehr zusammen waren … dann waren wir keine Familie mehr. Dann musste ich es ganz allein schaffen.

Angst griff nach mir, Kälte, Wut. Und ich sammelte die Farben der Einsamkeit und klatschte sie auf die Leinwand, die Leben heißt.

DER CLUB DER TOTEN DICHTER

////////

Wir sind alle Engel mit nur einem Flügel.
Um fliegen zu können, müssen wir einander umarmen.

Luciano De Crescenzo

////// **Einsamkeit hat viele Farben, und nicht alle sind düster.** Da ist das Alleinsein mit seinen gedeckten Tönen, aber auch das All-eins-Sein mit seinem göttlichen Licht. Das Sich-einsam-Fühlen mit seinen Regenfarben und schließlich die abgrundtiefe Einsamkeit, in der es nur Schwärze gibt. Wobei es Schwarz ist, das einem Gemälde mehr Tiefe verleiht, wenn es sparsam eingesetzt wird. Und so ist es auch mit unserer Persönlichkeit. Seelischer Schmerz öffnet uns für das Verständnis anderer Menschen, macht uns mitfühlender. Und er stärkt uns – denn wer Schmerz erfährt, lernt letztlich, dass nichts permanent ist, weder das Gute noch das Schlechte. *Panta rhei.* Auch der Schmerz vergeht irgendwann, vermischt sich mit lichten Farben, und aus dem vermeintlichen Ende wird ein neuer Anfang. Doch dies ist ein Prozess, der seine Zeit braucht. Zu Beginn kann es sich anfühlen, als würde ein dunkler Sog uns in die Tiefe zerren und uns unsere größte Angst vor Augen führen: von allen verlassen zu sein, von niemandem geliebt. Und das war es, was mich umtrieb.

ELI, ELI, LEMA SABACHTANI?
MATTHÄUS 27,46

━━

ZERRISSENE UMARMUNGEN

Ich war eines von Millionen Kindern, deren Eltern sich auseinandergelebt hatten. An jenem Freitagnachmittag, an dem meine Eltern mir mitteilten, sie würden sich trennen, verlor ich einen Teil meiner kindlichen Naivität. Eben noch war ich durchs Universum geflogen, um mich von meiner Fantasie an Orte tragen zu lassen, die nirgends verzeichnet waren, nicht mal in den schweren, nach abgegriffenem Leder und Leim duftenden Lexika meines Vaters. Nun aber kam mir nichts mehr verlässlich vor, diese geschützten Jahre waren vorbei.

Ich hatte nirgends ablesen können, was passieren würde, was sich gewiss schon seit Monaten, vielleicht seit Jahren angebahnt hatte. Nie war ich Zeuge geworden, dass meine Eltern sich stritten. Sie hatten gelacht, gefeiert, sich lebhaft unterhalten … und jetzt das.

Was hatte ich übersehen?

Wieso hatte ich nichts mitgekriegt?

NOTIZ AN MICH

Ein Trennungsprozess verläuft selten abrupt, oft wird die Entscheidung von einem der Partner längst getroffen, bevor der andere es erfährt.
Es ist wie mit dem Frieden oder wie mit der Demokratie: Nicht zwingend endet etwas mit einem lauten Knall, sondern manchmal ganz leise durch die Hintertür.
Und eines Morgens wachst du auf, und es ist vorbei.

Natürlich hatten meine Eltern die Entscheidung nicht leichtfertig getroffen. Ich bin sicher, sie waren selbst ratlos, ja, ohnmächtig angesichts einer Situation, in die sie hineingeraten waren und aus der es nur einen Weg hinaus gab: die Trennung. Aus Respekt voreinander und auch vor mir.

Vielleicht wäre es tatsächlich einfacher gewesen, wenn ich darauf vorbereitet gewesen, beteiligt gewesen wäre an den Trennungsgedanken. Aber während ich diese Zeilen schreibe, spüre ich, dass sie mich schonen, meine glücklichen Kindheitstage nicht überschatten wollten mit den zerrissenen Umarmungen des Lebens. Natürlich hatten sie nur das Beste für mich gewollt. Und natürlich fehlte mir das Wissen, dass ich eines Tages in den Luxus zweier mich liebender Elternpaare kommen würde, die mein familiäres Netz neu knüpften und mich zu einem Zeitpunkt gemeinsam auffangen würden, als ich es am allernötigsten hatte.

Damals war ich vollkommen überwältigt von der Energie des Geschehens. Nachts, wenn ich allein im Bett lag, drückte ich Foxi fest an mich. Sein Fell war schon ganz abgeliebt. Ich weinte und hoffte: Vielleicht würde doch alles wieder so werden, wie es gewesen war.

In jener Zeit lernte ich, was Vermissen bedeutet, dieses Ziehen nahe dem Herzen, das permanent an mir zerrte. Ich vermisste meinen Vater ... den Mann, der er vor der Trennung gewesen war. Jetzt schien eine Wolke von Traurigkeit ihn zu umgeben; er fiel in sich zusammen, implodierte. Ich vermisste die Leichtigkeit, die Selbstverständlichkeit, das jazzgleiche Ineinanderfließen unserer beider Seelen im Alltag. Die Besuchstage und gemeinsamen Wochenenden konnten das niemals aufwiegen.

Ich vermisste das Familienleben, diese Melange aus Lebendigkeit und Alltag, Gelächter, Zankereien, Langeweile, Verlässlichkeit.

Ich vermisste auch meine Freunde. Die magische Eiche. Die Märklin-Eisenbahn. Den wackeligen Stuhl, das kratzige Sofakissen, den Teppich, auf dem ich gelegen und mich weggeträumt hatte. Tausend Dinge, die ein Zuhause ausmachen.

Natürlich waren all diese Gefühle mir nicht in dem Maße bewusst, sie rauschten durch mich hindurch wie ein D-Zug durch die Nacht. Ab und an überfielen sie mich. Dann kniff ich die Augen fest zu, das half gegen das Weinen, und sperrte den Schmerz weg.

YOU SPEND HALF YOUR LIFE IN TRANSIT
BUT THAT'S JUST THE WAY GOD PLANS IT …
10 CC, »FROM ROCHDALE TO OCHO RIOS«

———

In der neuen Wohnung fühlte ich mich wie ein Eindringling. Sosehr der Freund meiner Mutter sich auch um mich bemühte, ich blieb fremd. Fremd auch in meiner eigenen Haut. Insgeheim hatte ich bis zum letzten Moment gehofft, alles würde wieder so werden, wie es gewesen war. Selbst dann noch, als das Auto mit meiner Mutter, mir und unseren Sachen losgefahren war und mein Vater stumm dagestanden hatte, auf der Straße vor unserem Haus in Ismaning. Immer kleiner war er geworden, bis wir abbogen und er ganz aus meinem Blick verschwand. In diesem Augenblick wurde das Leben zur Fermate.

In dem Haus in München, in dem wir fortan lebten, gab es viele Wohnungen. »Vielleicht könnte Dad in eine einziehen, weiter unten, dann können wir immer zu ihm runtergehen«, flüsterte ich eines Nachts in Foxis Ohr. »Das wäre doch eine großartige Lösung.«

Es war nicht so, als wäre meine Mutter mir nicht genug gewesen. Doch die Beziehung zu meinem Vater hatte bisher meinen Alltag bestimmt, er war meine Bezugsperson gewesen. In mir mischten sich Protest, Ablehnung, Sehnsucht, Schuld – denn Kinder denken magisch, sie glauben, sie hätten ein Ereignis verhindern können, wenn sie »lieber« gewesen wären, kein Loch in den Teppich gebrannt, die helle Tapete nicht mit den Neonstiften bemalt hätten. Hinzu kam die Scham. An der neuen Schule war ich nicht nur der halbe Engländer, sprich: Ausländer, sondern der vom Land, der, dessen Eltern sich hatten scheiden lassen.

Ich tat mich schwer, mich einzugewöhnen. Mein Dad wünschte sich gewiss sehnlichst, dass ich mich wohlfühlte in meiner neuen Familie. Doch ich katapultierte mich selbst in Gewissenskonflikte. Da war dieses leise Stimmchen in meinem Hinterkopf, das »Verrat!« flüsterte, wann immer ich mich dabei ertappte, meinen Stiefvater lieb zu gewinnen. In der Zerrissenheit, die mich erfasst hatte, konnte nichts Wurzeln fassen, ich selbst am allerwenigsten.

Als mein Dad mir vorschlug, aufs Internat zu gehen, erschien mir das wie die willkommene Flucht nach vorn. Ich hatte keine Ahnung, was mich erwartete. Unwillkürlich musste ich an meinen Großvater denken. Er hatte mir oft von seiner Zeit an der Front erzählt. Zu einigen Kämpfen hatte er sich freiwillig gemeldet, ohne zu wissen, ob es gut ausgehen würde. Ganz ähnlich fühlte ich mich jetzt: unsicher, was da auf mich zukam, in dem vagen Wissen, dass es alles andere als leicht werden würde, doch wild entschlossen, den Schritt ins Unbekannte zu wagen.

Ein ordentlicher Schuss Abenteuerromantik schwang in der Entscheidung mit. Da war die Aussicht auf Freunde, rund um die Uhr. Pläne schmieden, Streiche aushecken … Und dazu dieses Gefühl, selbstständig zu sein, so groß, dass man mir nicht länger etwas vormachen musste. Nach der Trennung meiner Eltern hatte ich mir gesagt, dass ich mein Leben allein auf die Reihe kriegen müsste. Jetzt endlich sahen meine Eltern es ein. Jetzt konnte ich mich beweisen. Ich brauchte niemanden mehr – dachte ich.

DIE KINDER DES MONSIEUR MATHIEU

Der erste Kennenlern-Besuch im Internat war voller Faszination. Achterzimmer, das hieß sieben Freunde; selbst wenn zwei einen blöd fänden, gäbe es immer noch fünf andere. Ich stellte mir vor, wie wir uns abends Spukgeschichten erzählten, heimlich durch die burgähnlichen Gänge schlichen, Abenteuer bestanden und unaussprechliche Gefahren besiegten.

Meine Träume vom Indianerhäuptling im Wilden Westen wischte ich beiseite, die kastellartige Kulisse sprach mehr für hehres Rittertum. Das würde ich in Zukunft sein: ein tapferer Ritter, der siegreich aus allen Schlachten hervorging. Der später mal ein wunderschönes Burgfräulein erobern würde … eines, von dem er sich nie, NIE scheiden lassen würde.

**NICHTS GIBT SO SEHR DAS GEFÜHL DER
UNENDLICHKEIT ALS WIE DIE DUMMHEIT.
ÖDÖN VON HORVÁTH: GESCHICHTEN
AUS DEM WIENER WALD**

Nichts aber hatte mich auf das Heimweh vorbereitet, dieses Gefühl, das Traurigkeit, Sich-Sehnen und Bauchweh in sich vereinte. Ob meine Mutter oder mein Dad: Immer war jemand da gewesen, von dem ich wusste, er hat mich lieb. Sich alleingelassen zu fühlen, war nicht annähernd so schlimm, wie wirklich allein zu sein, ohne die gewohnten Bezugspersonen, die Gerüche, die in der Wohnung hingen, die Hintergrundgeräusche, den Geschmack des Essens. Alles Vertraute war plötzlich weg, ich steckte in einem Vakuum. Was die erhofften Seilschaften anging, so wollten sie sich nicht bilden: Wir alle waren kleine Jungen, zehn, elf Jahre alt, und fern von zu Hause; was uns verband, war das Heimweh, war der Wunsch, in unser eigenes Bett zu kriechen, von den Eltern zugedeckt zu werden und schöne Träume gewünscht zu bekommen. Doch so sehr wir Menschen füreinander da sein können, so sehr trampeln wir aufeinander herum. Suchen beim anderen nach Schwächen, nach wunden Punkten, um uns selbst stark zu fühlen.

Nachts lag ich oft lange wach. Manchmal stellte ich mich ans Fenster und starrte in die Dunkelheit. Wenn ich mich irgendwann wieder hinlegte, presste ich die Nase in Foxis fadenscheiniges Fell, es duftete nach zu Hause.

Ich weinte, peinlich darauf bedacht, dass keiner mich hörte. Dabei ahnte ich nicht, dass es den meisten Jungen im Zimmer ganz ähnlich erging. Sie hatten nur schon gelernt, es zu verbergen, darin waren sie gut. Und eines war klar: Selbst wenn sie die Einsamkeit kannten, würden sie jegliches Weinen meinerseits als Schwäche auslegen. Und wer schwach war, der wurde gedemütigt. Die Lektion hatte ich schon an meinem ersten Abend gelernt.

Um zu den Duschen zu gelangen, mussten wir einen mehrere Minuten langen Weg durch das kalte Gewölbe Richtung Untergeschoss zurücklegen. Schnell merkte ich, dass kein Erwachsener dort Aufsicht hatte, es war ein rechtsfreier Raum, und entsprechend rau war der Umgang miteinander.

Der Weg führte mehrere Treppen hinunter und an Nischen vorbei, es wurde spürbar kälter, je tiefer ich kam. Vor jeder Wegbiegung wappnete ich mich, denn ich wusste nicht, ob nicht irgendwelche Jungen dahinter lauerten, um mich zu erschrecken oder mir eine zu verpassen.

Doch ich hatte Glück und erreichte unbeschadet die Waschräume. Ich beeilte mich, aus meinen Sachen zu schlüpfen und

unter die Dusche zu springen. Das Wasser rann lauwarm aus dem verkalkten Duschkopf. Wenige Minuten später öffnete ich die Kabine und wollte nach meinem Handtuch greifen. Aber es war fort – und mit ihm all meine Sachen. In wachsender Panik sah ich mich um, doch vergeblich. Hämisches Gelächter erklang aus einer der Nischen. Die anderen hatten sich einen Spaß mit mir erlaubt. Ich biss die Zähne zusammen. Nackt rannte ich den langen Weg zurück zu meinem Zimmer. Ein Spießrutenlauf, denn aus allen Ecken tauchten jetzt Mitschüler auf, erschreckten mich, deuteten mit dem Finger auf mich und lachten sich schlapp.

Zitternd schlüpfte ich in meine Ersatzkleidung. Es war die erste Demütigung, die ich erfuhr, und ich lernte zweierlei daraus: niemals meine Sachen unbeaufsichtigt zu lassen und mir ja keine Blöße zu geben. Denn je neutraler ich reagierte, desto langweiliger erschien ich und desto weniger Reiz hatte ich als Opfer.

Mein Dad hatte mich gewarnt, ja nicht zu petzen. »Sicher, der Lehrer, vielleicht sogar der Direktor hören dir zu und geben dir auch recht. Aber wenn sie wieder weg sind, wirst du ganz schnell merken, dass du allein bist. Und dann werden die anderen dich spüren lassen, was sie von deinem Verrat halten.«

Auch er war auf einem Internat gewesen. Wenn er sich all die Herabwürdigungen vor Augen geführt hätte, die er selbst erlitten hatte, dann hätte er mich vielleicht gewarnt, statt mir den Wechsel aufs Internat vorzuschlagen. Doch was die Vergangenheit betrifft – und nicht nur die –, reden wir alle uns vieles schön. Es ist wie nach einer durchwachsenen Bergtour: Wir straucheln, kämpfen uns vorwärts, sind nahe dran aufzugeben, stürzen vielleicht ein Stück weit ab und reißen uns das Bein auf. Aber in der Rückschau sind da der Berg, das Gipfelkreuz und das Gefühl, gesiegt zu haben.

Und dennoch. Menschen können gnadenlos sein, und das gilt für Kinder erst recht.

Die Hackordnung im Internat war brutal. Als Neuer musste ich unten schlafen, und ich lernte schnell, was das hieß. Privatsphäre gab es keine, dafür Stinkefüße im Gesicht, Zwangsduschen und

Übergriffe jeglicher Art. Wer sich nicht bereitwillig unterordnete, kassierte während des Schlafens die gefürchtete Sonderbehandlung: Einer der Jungs holte ein Glas warmes Wasser und steckte die Hand des Betroffenen hinein, der binnen kürzester Zeit ins Bett pieselte. Sehr erniedrigend, aber äußerst erbaulich für die großen, harten Jungs.

Das Essen war karg, es reichte nie. Sechshundert Kinder wollten gefüttert werden, zu jeweils vierzehn saßen wir an einem Tisch. Wir schlangen das Essen förmlich in uns hinein, nur um schnell aufstehen und an anderen Tischen »geiern« zu können: Essen erbeuten, erbetteln, organisieren. Ich war ganz gut darin, was mir einige Pluspunkte einbrachte. Und darauf kam es an!

**SIEH, WAS DAS LEBEN DIR ENTZOGEN,
OB DIR'S ERSETZEN KANN DIE KUNST.
FRANZ GRILLPARZER**

——

Ein echter Lichtblick war unser Herbergsvater, von allen nur Baba, Vater, genannt. Auch wenn er ganz anders war als mein vergeistigter Dad, bot Baba mir ein Stück Zuhause. Er machte uns Jungen mit den Hausregeln vertraut, und schnell war klar: Was ihn anging, gab es einen Kodex. Jede Abmachung, jedes Versprechen wurde mit Handschlag besiegelt und war damit Gesetz. Babas Regeln standen nicht zur Diskussion: Es wurde nicht gepetzt. Streitereien, so Baba, wurden untereinander gelöst. Wer trotzdem zu ihm ging, um ihm sein Leid zu klagen oder sich zu beschweren, kassierte nicht selten eine Schelle und wurde zurück auf sein Zimmer geschickt. Baba konnte nämlich sehr genau unterscheiden, ob die Not echt war und man ungerecht behandelt wurde oder ob man sich bloß als Opfer darstellte, um Vorteile zu erlangen und anderen eins auszuwischen.

Zugleich galt: Jeder Einzelne musste um seinen Platz in der Gemeinschaft kämpfen.

Baba war bewusst, dass er nicht ständig überall sein konnte, um alle Schüler zu beschützen. Also appellierte er an die Stärke jedes Einzelnen und die Vernunft der Gemeinschaft. Wir wussten, dass Baba als vierzehnjähriger Kabelträger an der Front gewesen war. Diese Burschen – Kinder noch – hatten zig Kilometer mit einer Kabeltrommel von einem Kommandostand zum nächsten rennen müssen, damit die Telefonverbindung zur Front hielt, während sie unter schwerem Beschuss gelegen hatten. Baba hat all seine Freunde und Klassenkameraden sterben sehen, er war der einzige Überlebende seiner ganzen Klasse ... Vielleicht wollte er deshalb, dass wir stark wurden und uns verteidigen konnten. Natürlich konnten wir jederzeit zu ihm gehen. Doch die Latte lag hoch. Lieber war ich hart zu mir selbst und schluckte den Kummer hinunter, als Baba damit zu behelligen. Vielleicht wollte ich ihm gegenüber ja auch stark erscheinen. Vielleicht dachte ich, dann würde er mich lieber haben.

Die besonderen Momente, die mir noch heute eine Gänsehaut bescheren, waren Babas Geschichtenabende. Dann versammelten wir uns unten im Gewölbe. Er hatte eine dicke Kerze angezündet. Ihr flackerndes Licht strahlte Baba von unten an und malte bizarre Schatten auf die Wände und sein Gesicht. Wenn er sprach, hallte seine tiefe Stimme von den dicken Wänden wider. Er erzählte so lebendig von der römischen Geschichte des Gebäudekomplexes, dass ich meinte, den Schlachtenlärm aus vergangenen Jahrtausenden zu hören ... schartige Klingen, fallende Leiber, Ächzen und Siegesgeschrei.

TAGEBUCH

Mai 2017

Im Internat musste ich mich hart machen, um
die Sticheleien, Ausgrenzungen, Hänseleien,
Attacken zu überstehen. Ich legte mir einen
Panzer zu, tat cool. Bloß keine Schwäche
zeigen. Es ist das, was die Gesellschaft von
einem Jungen damals verlangte. Nicht gleich
weinen, sondern den Schmerz möglichst lässig
wegwischen. Härte gegen den eigenen Körper,
die Seele zeigen. »Ein Indianer kennt keinen
Schmerz«... was für ein Aberwitz, natürlich
kannten auch Indianer Schmerz!
Heute frage ich mich, was das mit mir als
Mann gemacht hat. Gefühle zeigen, sich in den
anderen hineinzuversetzen, weich zu sein, sich
verletzlich zu machen - all das gehört zu einer
funktionierenden Beziehung dazu. Und zwar für
Männer und Frauen gleichermaßen. Doch sich den
Panzer abzureißen, das weckt pure Existenzangst: Denn nur durch ihn hat man vergangene
Verletzungen überlebt.
Sicherheit - wir alle streben danach, um uns
fallenlassen zu können. Doch es gibt keine
Garantie, dass jemand uns auffängt. Manchmal
ist der andere dann bereits weitergegangen.

Baba war unser Oberhäuptling, Krieger, Medizinmann, Gelehrter, alles in einem. Er war auch unser Vorbild, unser Monsieur Mathieu. Gewiss, seine Erziehungsmethoden waren zuweilen reichlich unorthodox, aber ich bin froh über die Werte, die er uns vermittelte.

Eines Tages entdeckte ich zusammen mit einem Freund im hinteren Bereich von Babas Büro mehrere Feuerwehrhelme. Bei näherem Hingucken begriffen wir, dass es sich um alte Wehrmachtshelme handelte, die einfach umgemünzt worden waren. Mein Freund und ich waren ganz aus dem Häuschen und fragten Baba, ob wir die mal anziehen dürften.

Baba musterte uns und schien zu überlegen. »Warum wollt ihr Stahlhelme aufziehen?«, fragte er schließlich.

»Weil die so toll sind!« – »Die sind total cool«, sagten wir gleichzeitig und fügten noch andere schlagende Argumente an, die uns mit unseren zehn Jahren halt so einfielen.

»Ihr wisst aber schon, was die eigentliche Aufgabe von Stahlhelmen ist?«

»Klar. Die trägt man bei der Armee und so.«

»In Ordnung«, sagte er und erntete übermäßige Begeisterung. »Ihr dürft bis heute Abend mit diesen Helmen rumlaufen und seid das Spezialkommando Feuerwehr. Wenn euch irgendwas auffällt, dann müsst ihr mir das melden.«

Wir waren unfassbar stolz, dass er uns eine derart wichtige Aufgabe übertrug, und setzten die begehrten Stahlhelme auf.

»Wenn ihr im Krieg seid und es knallt, dann ist das ungefähr so«, sagte Baba und schlug mit seiner riesigen Faust wie ein Dampfhammer nacheinander auf die Helme. Unsere Köpfe donnerten, es war wie in einem Asterix-Comic. In meinen Ohren klingelte es, und ein heftiger Schmerz fuhr mir bis in den Rücken hinunter. Dass Krieg wehtat, hatte ich bisher nicht in diesem Maße begriffen.

Dann entließ Baba uns.

Unsere anfängliche Begeisterung wurde durch den Schlag empfindlich gedämpft. Hinzu kam die Tatsache, dass wir als einzige Schüler mit Stahlhelmen herumliefen, unter denen wir auch noch stark schwitzten. Wir trauten uns nicht, sie abzusetzen, schließlich hatte Baba uns persönlich mit einer wichtigen Aufgabe betraut. Und so quälten wir uns dem Abend entgegen. Danach fragten wir Baba nie wieder nach den Helmen.

ES LIEGT IN DER NATUR DER SACHE, DASS MAN AUS SCHÖNEN UND UNSCHÖNEN ERFAHRUNGEN LERNEN MUSS, UM REIFE ZU ERLANGEN.
NELSON MANDELA

—

Viele verließen das Internat bald wieder, weil sie flogen, durchfielen, den Druck nicht ertragen konnten, ich aber blieb. Mit der Zeit fand ich Gefährten, die es teils auch heute noch sind. Zwischen uns Kindern herrschte damals eine Gruppendynamik, deren Teil ich geworden war. Für den Moment hatte ich meinen Platz gefunden. Das Leben hatte uns alle wie versprengte Soldaten zusammengeführt, hier an diesem Ort, und nun hielten wir zusammen, so kaputt die ganze Ordnung in ihrem Inneren auch gewesen sein mag. Ich musste wieder einmal an meinen Großvater denken und die zwölf Jahre Krieg und Gefangenschaft, die er überlebt hatte. Wie er mir erzählt hatte, dass Soldaten sich an einem bestimmten Punkt mehr danach sehnten, bei den Kameraden an der Front zu sein, anstatt zu Hause in Sicherheit … Lange hatte ich dieses Paradoxon nicht verstanden, jetzt aber schon.

Außerhalb des Internats war vieles von dem, was wir durchlebten, kaum vorstellbar. Der Hunger, die Herabsetzung, die Häme. Die Selbstjustiz. Auch das schweißte uns zusammen, wenn auch auf eine ungesunde Art.

Eines Tages kam ein neuer Junge in unsere Klasse. Bald hatten wir den Verdacht, dass er klaute. Kameradenklau, das war das Schlimmste, was man im Internat machen konnte. Wir lebten dicht aufeinander, wie eine U-Boot-Besatzung auf Feindfahrt. Dass jemand uns bestahl, unser Vertrauen missbrauchte, konnte keiner von uns dulden.

Einige der größeren Jungen beschlossen, ihm eine Falle zu stellen. Und tatsächlich tapste er hinein und wurde auf frischer Tat ertappt. Statt zum Direktor zu gehen, beriefen die Älteren eine Stockversammlung ein. Heimlich natürlich, nach dem Mittagessen, alle mit Ausnahme des Diebes. Die Sachlage war klar, der Täter überführt, nun sollte das Urteil gesprochen werden. Für die Urteilssprecher stand die Strafe fest: Zwanzig Jungen waren bestohlen worden, also sollte der Schuldige zwanzig Peitschenhiebe kassieren, von jedem Opfer einen.

Es war grausam. Der Junge begriff kaum, wie ihm geschah. Einer riss ihm die Hose runter, zwei von den Stärkeren hielten ihn rechts und links fest. Und die Vollstrecker legten all ihre Kraft in die Hiebe. Als Waffe diente ein sogenannter Fuchsschwanz: Hierfür wurde ein Handtuch so aufgerollt, dass ein Ende dick und eines dünn war. Das dünne Ende wurde nass gemacht.

Ich konnte es nicht mit ansehen, rief: »Stopp! Aufhören!« Doch die anderen stießen mich weg und machten ohne mich weiter, einer nach dem anderen.

Mich schauderte. Ich wusste nur zu gut, wie man sich fühlte, wenn sich eine Gruppe gegen einen verschwor und zuschlug. Die Verzweiflung, der Schmerz. Aber dieser Fall lag anders. Der Junge hatte gestohlen und eine Strafe verdient. Aber so? Noch bevor die zwanzig Schläge verabreicht worden waren, brach er zusammen.

Der Fall sollte ein Nachspiel haben. Natürlich verschwieg der Junge nicht, was passiert war. Seine Eltern meldeten den Vorfall dem Direktor. Der berief eine Stockversammlung ein, mit Anwesenheitspflicht, und schäumte vor Zorn. Einer nach dem anderen wurden wir befragt und unter Druck gesetzt. Da alle zusammenhielten und eisern schwiegen, sollte schließlich das ganze Stockwerk bestraft werden. Bis der Diebstahl zur Sprache kam. Da gestand der Junge die Tat, und seine Eltern nahmen ihn rasch vom Internat.

Es war nicht das einzige Mal, dass Selbstjustiz geübt wurde. Ich fand es grauenvoll und schwor mir, künftig für die Schwächsten zu kämpfen. Ihr Sprachrohr zu sein und zwischen verfeindeten Parteien zu vermitteln. Zu schlichten und Unrecht anzuprangern.

Und noch etwas anderes war grauenvoll: dass all dies unter dem Siegel der Verschwiegenheit geschah. Dass man sich mit niemandem darüber zu sprechen traute. Dabei hätte es dringend Gesprächsbedarf gegeben. Über die Meute, die Blut geleckt hatte. Darüber, wie die einzelnen Schüler einander angestachelt hatten. Ich musste an Paul denken und den Überfall hinterm Schwimmbad, in Ismaning. Was war bloß mit uns Menschen los?

Zum Glück hatte ich Foxi, dem ich alles erzählen konnte. Sein vertrauter Geruch trug mich durch dunkle Zeiten, und wenn ich sein schütteres Fell an meiner Wange spürte, fühlte ich Trost.

LIEBER 100 STUNDEN UMSONST VERHANDELN
ALS EINE MINUTE SCHIESSEN.
HELMUT SCHMIDT, BUNDESKANZLER A.D.

———

Eines Tages kam ich vom Sportunterricht. Noch bevor ich mein Zimmer erreichte, sah ich es: Jemand hatte Foxis Hals in der Tür eingeklemmt, sein Fell war eingerissen. In mir kochte der Zorn hoch. Foxi war mein Beschützer! Er stand für all die Gefühle, die ich niemandem zeigen durfte. Für mein Geheimnis: das schlimme Heimweh. Für all die Weichheit, die ich tief in mir bewahrte. Für das Kind-Sein. Dass jemand seine üblen Späße damit trieb, war wie ein Schlag in die Magengrube.

EIN MANN MUSS TUN, WAS EIN MANN TUN MUSS.
GARY COOPER

——

Irgendwann fand ich heraus, wer es gewesen war. Ich passte ihn an der Wendeltreppe zu den Duschen ab. Der Junge war größer als ich, also schlug ich härter zu. In den Augen der anderen Kinder hatte ich meine Ehre verteidigt, ich aber dachte nur an Foxi. Der Kampf brachte mir Respekt ein. Danach hatte ich eine Weile meine Ruhe und zugleich einen festen Platz im Rudel.

HÄRTE ZEIGEN

Die Regeln im Internat waren klar: An zwei Wochenenden im Monat durften wir nach Hause. Das bedeutete, dass ich meinen Dad und meine Mom jeweils nur einmal im Monat sehen konnte. Anfangs war es brutal. Dieser Moment, wenn ich nach Hause kam. Darauf hatte ich eine Nacht und zwölf Tage hingefiebert. Endlich wieder essen, bis ich satt war. Schlafen, ohne gepiesackt zu werden.

Viel zu schnell vergingen die Stunden. Und dann das Gefühl, nach einem Wochenende bei der Familie wieder am Bahnsteig zu stehen, in den Zug zu steigen ... Und schon wappnete ich mich innerlich, machte mich hart, um die nächsten zwei Wochen zu überstehen. Mit der Zeit gewöhnte ich mich auch daran, und der emotionale Panzer umschloss mich zuverlässig. Er trug mich durch die Pubertät, durch Liebschaften, Prüfungen. Nie dachte ich ernsthaft daran, das Internat freiwillig zu verlassen. Es war mein neues Zuhause geworden, gestört zwar, aber dennoch mein Zuhause. Und wenn es von Schikane regiert wurde, dann war es eben so. Das echte Leben fand nicht träumend statt, so viel hatte ich endlich begriffen. Man musste sich seinen Platz erkämpfen. Die Herausforderung war, sich zu wehren, ohne selbst in üble Verhaltensweisen zu verfallen.

Ich war stark geworden, doch ich war auch schwach. Denn unter der Rüstung, die ich angelegt hatte, war meine Haut wund. Ich war gar nicht hart, ich war sensibel, voller überbordender Gefühle, die unter dem Panzer erstickt wurden. Und nicht nur das: All die kleinen und großen Herabwürdigungen setzten mir so zu, dass ich voller Wut auf das Leben war. Ich hatte Mühe, meine Aggressionen zu zähmen. Die Einsamkeit, die mich begleitet hatte, seit ich sieben war, war nie vergangen. Ich hatte sie weggepackt, ja, doch sie schwelte in mir. Gekrönt wurde sie von einem Gefühl, das noch härter war als das Verlassensein. Demütigung.

Demütigung, die sich aus gehässigen Worten speiste, aus Nadelstichen, aus Ritualen, die alle ein Ziel hatten: einen lächerlich zu machen. Einen zu erniedrigen.

Als die Schulzeit endete, war aus dem kleinen Francis ein junger Mann geworden, der alles in seinem Umkreis hätte zerschlagen können.

TAGEBUCH

Januar 1997, spätabends, nach dem Kino

Habe heute TITANIC gesehen, was für ein Film! Ich
will unbedingt mit Leo DiCaprio arbeiten! Endlich
ein Mann sein. ganzen Vorstellungen davon, was ein
Mann macht ... Die sind in unser Denken und Handeln eingemeißelt. Männer sind es, die in den
Krieg ziehen müssen. Die den Frauen den Platz im
Bunker oder im Rettungsboot überlassen. Klar
wollen wir auch leben. Aber natürlich nicht
auf Kosten einer Frau, nicht mal einer Fremden,
mit der uns nichts verbindet ... Wobei: Frauen
wollen das vielleicht gar nicht.
Aber diese Szene aus *Titanic* geht mir nicht aus
dem Kopf. Wenn Cal Hockney realisiert, dass auf
den Rettungsbooten nicht genug Platz für alle ist.
Dass er, weil er ein Mann ist, in den kalten Flu-
ten des Ozeans verrecken wird. Er schnappt sich
ein kleines Mädchen, drängt sich durch die Menge
und schreit: »I have a child, I have a child!« Und
ergattert sich einen Platz auf dem Boot.
Das geht gar nicht. Das ist gegen jede Ehre.
Dennoch: Sein Überlebensinstinkt ist halt
stärker als alle gesellschaftlichen Regeln. Stärker als sein Stolz, seine Scham. Aber was bedeutet
das für uns Männer? Wie sollen wir
mit solchen gesellschaftlichen Anforderungen
zurechtkommen, wenn wir unsere Gefühle eben *nicht*
abschotten?

DIE FAUST IM NACKEN

////////

Wir waren jene, die wussten, aber nicht verstanden,
voller Information, aber ohne Erkenntnis,
randvoll mit Wissen, aber mager an Erfahrung.
So gingen wir, nicht aufgehalten von uns selbst.

Roger Willemsen

////// **Die Würde des Menschen ist unantastbar, heißt es im Grundgesetz.** Gewalt, die einem mit Taten oder Worten zugefügt wird, beinhaltet immer auch eine Verletzung der Würde. Und das zieht Spuren nach sich. Herabsetzung, Diffamierungen, Lügen – sie alle sind für viele Menschen traurigerweise Bestandteil des täglichen Lebens. Opfer solcher Verletzungen schaffen es nicht immer, Beleidigungen an sich abprallen zu lassen. Zeigt der Schutzpanzer Risse, dann dringen sie tief unter die Haut und fräsen sich bis zur Psyche durch, wo sie erheblichen Schaden anrichten können. Viele reagieren auf Herabwürdigungen mit Rachegedanken, dem Wunsch nach Vergeltung. Doch ein erlebtes Unrecht wird durch ein anderes nicht ausgemerzt: »Auge um Auge, und unsere ganze Welt wird blind sein.«

Systematische Ausgrenzung und Schikane schmerzen wie Hiebe mit der Faust. Heute weiß man, dass sozialer Schmerz ebenso wehtut wie physischer Schmerz; es werden dieselben schmerzverarbeitenden Areale im Hirn aktiv. Und mit jedem weiteren Angriff potenzieren sich die Reaktionen. Depressionen, Angststörungen, Minderwertigkeitsgefühle können die Folge sein. Manche Menschen verbittern, und wieder andere werden aggressiv.

NOTIZ AN MICH

»*L'enfer, c'est les autres* – Die Hölle, das sind die anderen«, sagte Sartre in *Huis Clos*.
»*Pour moi, le paradis c'est les autres* – Für mich sind die anderen das Paradies«, entgegnete der Philosoph Gabriel Marcel nach einem Theaterbesuch.
Vielleicht haben ja beide recht?

STURM UND DRANG

Während der Internatszeit waren mir diese Mechanismen in ihrer Tragweite nicht im Mindesten bewusst. Ich war das Stück Treibholz, vom Leben an eine Uferbank gespült, von der Strömung abermals fortgerissen und hinabgezogen. Irgendwann hatte mich der Fluss wieder ausgespien, an ein fremdes Ufer, wie eine unbeholfene Amphibie, das Abitur in der Tasche.

Angesichts der vielen Möglichkeiten, die sich vor mir ausbreiteten, war ich ein wenig ratlos. Doch wenn ich eines wusste, dann, dass ich dringend ein Ventil brauchte, um all das, was in mir tobte, herauszulassen. Tausend Emotionen, und keine davon friedvoll, glücklich. Ich war wild und ungezähmt, und in mir brannte der Wunsch, Schauspieler zu werden. Und tatsächlich: Nach einer kleinen Odyssee wurde ich tatsächlich an der renommierten Otto-Falckenberg-Schule in München aufgenommen.

Ich war stolz, aufgeregt, hoffnungsvoll. Dachte, ich hätte den Schmerz und die Einsamkeit des Internats nun endlich hinter mir gelassen. Hätte eine neue Gemeinschaft gefunden, eine Gruppe von Gleichaltrigen, mit ganz ähnlichen Interessen und Idealen, in der ich endlich ich selbst sein könnte.

NOTIZ AN MICH
Öfter mal dran denken: Jede große
Institution ist der verlängerte
Schatten eines einzelnen Mannes.
Thomas Alva Edison

Traumberuf Schauspieler: erster Tag an
der Otto-Falckenberg-Schule

Allerdings wurde ich vom ersten Schultag an aufs Neue zum
Außenseiter gestempelt. Das lag teils daran, dass ich mal wieder
meinen Mund nicht halten konnte. Den Kopf voller Träume, erzählten wir einander von unseren Zukunftsideen. Während meine
Kommilitonen sich mit der deutschen Theaterkultur bestens aus-
zukennen schienen, hatte ich schlichtweg keine Ahnung. Bisher
war ich so gut wie nie in einem deutschsprachigen Theater gewesen und somit ziemlich im Hintertreffen. Ich sollte erst später begreifen, wer Rolf Boysen, Thomas Holtzmann, Heinz Bennent,
Gert Voss, Ignaz Kirchner und Bernhard Minetti waren, wer Gisela
Stein, Conny Froboess und Doris Schade. Auch Zadek, Grüber,
Peymann und Wilson wurden mir erst nach und nach ein Begriff.
Heute weiß ich es zu schätzen, dass ich einige von ihnen nicht nur
kennen durfte, sondern dass sie mich unterrichteten und mir die

Augen öffneten. Doch ich bedauere es, dass das Leben mir keine echte Gelegenheit schenkte, mit diesen Legenden auf der großen Bühne die Klinge des Spiels zu kreuzen.

Während also meine Kommilitonen von Peter Brook, George Tabori und Peter Stein schwärmten, wusste ich als begeisterter Kinogänger dafür alles über Sergio Leone, John Huston und Elia Kazan, kannte beinahe jedes seiner bahnbrechenden Werke, wie *Endstation Sehnsucht, Die Faust im Nacken* und *Jenseits von Eden.* Oder David Lean. Oder William Wyler, der für zwölf Oscars nominiert worden war und Filmklassiker wie *Ein Herz und eine Krone, Weites Land* und *Ben Hur* geschaffen hatte. Und mein größtes Vorbild, David Lean. Sein *Lawrence of Arabia* hatte mich schon als Kind, auf dem Sitzpouf lümmelnd, zu Träumen angestachelt. Meine Helden waren James Dean, Peter O'Toole, Sir Alec Guinness, Charles Laughton, Laurence Olivier und all die alten Kämpen Hollywoods.

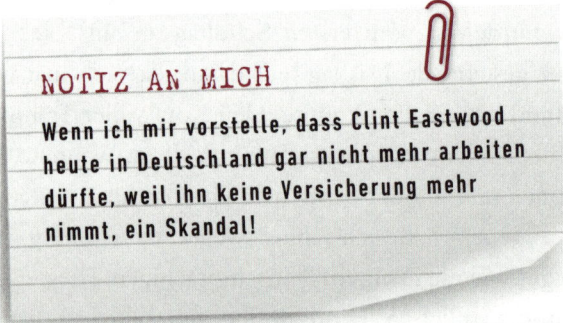

NOTIZ AN MICH

Wenn ich mir vorstelle, dass Clint Eastwood heute in Deutschland gar nicht mehr arbeiten dürfte, weil ihn keine Versicherung mehr nimmt, ein Skandal!

Als also die Reihe an mich kam, meine Ambitionen zu verraten, sagte ich ganz unverblümt: »Ich will an den Broadway.« Denn genau das war mein Traum. Wobei Broadway eine Metapher war für meine Kinohelden, die fast allesamt zwischen der 41st und 53rd Street in Manhattan aufgetreten waren. Ich wollte wie Brando,

De Niro und Oskar Werner aus dem Vollen schöpfen, am liebsten auf Englisch und Deutsch, wollte all das, was in mir brodelte, herauslassen. So war ich halt.

Postwendend wurde ich von den anderen schief angesehen. »Der denkt wohl, der ist was Besseres«, murmelte einer, gerade laut genug, dass ich es auch hören konnte. Dabei wollte ich doch bloß vom Duft der weiten Welt träumen. Unsere Träume sind maßgeblich dafür, dass wir uns weiterentwickeln. Ziele sind gut, doch sie haben auch etwas Starres. Gepaart mit Fantasie, werden sie zu Visionen.

NOTIZ AN MICH
Ziele limitieren, Visionen führen dich darüber hinaus.

Jedenfalls stellte ich schnell fest, dass ich mit meiner Vorliebe für die Hollywood-Klassiker ein totaler Fremdkörper an der berühmten Otto-Falckenberg-Schule war. Vielleicht hätte ich eher ans Actors Studio in den USA gepasst. Aber das Schicksal hatte mich eben nach München gespült.

Vielleicht wäre das alles gar nicht so schlimm gewesen, wenn ich nicht von klein auf die Erfahrung gemacht hätte, ausgeschlossen zu werden: Dann hätte die Reaktion der anderen auf meine Broadway-Ambitionen vielleicht nur ein lässiges Schulterzucken meinerseits nach sich gezogen und den launigen Gedanken: »Wartet's mal ab.« So aber wurde ich postwendend in die Vergangenheit katapultiert, und dieses ungute Gefühl, dass irgendetwas falsch an mir sei, fraß sich in meine Gedanken. Diese ätzenden

Minderwertigkeitskomplexe, die ich nicht loswurde … Ich fühlte mich einen Atemzug lang, als wäre ich ohne Fallschirm aus dem Flugzeug gesprungen.

Jahre später war ich als Gast im Actors Studio. Dort lernte ich an einem Nachmittag in einer Session mit Arthur Penn und Ellen Burstyn mehr als in drei Jahren Rollenarbeit. Der damalige Direktor der Münchner Schule, Jörg Hube, den ich auch als Kollegen sehr bewunderte, sagte einmal zu mir: »Francis, merk dir eins: Schauspieler wirst du nicht wegen, sondern trotz der Schauspielschule.« Recht sollte er behalten, doch bis ich diese Sicherheit in mir spürte, sollten Jahre des Zweifelns vergehen, der Angst, nicht gut genug zu sein und am Ende vielleicht doch zu scheitern.

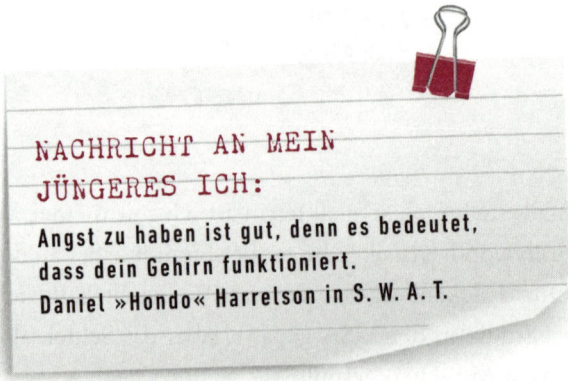

NACHRICHT AN MEIN JÜNGERES ICH:

Angst zu haben ist gut, denn es bedeutet, dass dein Gehirn funktioniert.
Daniel »Hondo« Harrelson in S. W. A. T.

Der Schauspielunterricht war allumfassend. Er beinhaltete die Arbeit mit dem Atem, dem Körper, der Stimme, dem Wort.

Und mit den Gefühlen.

Ich lernte über den Verfremdungseffekt, den Bert Brecht propagierte, über Grotowski und das Method Acting Lee Strasbergs, meine Gefühle abzurufen, um sie für die verschiedensten Rollen dienstbar zu machen. Das war nicht immer einfach, denn während ich in mir forschte und grub, wurde mir bewusst, dass ich zwar an vieles schon lange nicht mehr gedacht hatte, aber alles, wirklich *alles* in mir gespeichert war, was in den Jahren zuvor passiert war. Einige der heftigen Gefühle spürte ich körperlich, sie trieben meinen Puls in die Höhe, und mir wurde übel wie nach einem Schlag in die Magengrube.

Doch letztlich ergaben die negativen Erfahrungen für mich nun einen Sinn: Sie addierten sich zu der Palette an Ausdrucksmöglichkeiten, die ich mir schauspieltechnisch zu eigen machte. Was nicht bedeutete, dass sie ihre Macht über mich verloren.

Was das Studium klassischer Rollen betraf, arbeiteten wir in sogenannten Zyklen. Der erste große Zyklus hieß »Deutsche Klassik«. Mir wurde die Rolle des Mortimer in *Maria Stuart* von Friedrich Schiller zugeteilt. Mortimer, eine fiktive Person mit historischen Bezügen, ist zum Katholizismus konvertiert und ein religiöser Schwärmer. Seit er Maria Stuart begegnet ist, hegt er leidenschaftliche Gefühle für sie und sieht sich als dazu auserkoren, sie zu befreien. Idealismus, eine gute Portion religiöser Fanatismus und glühende Liebe gelten gemeinhin als typische Eigenschaften dieser Figur.

Die übliche Interpretation scherte mich damals allerdings wenig. Ich las das Stück und war total *on fire*. Eine fantastische Rolle!, sagte ich mir.

Bei der ersten Leseprobe gemeinsam mit den Darstellerinnen der Maria und der Elisabeth I. fragten unsere Dozenten uns, wie wir unsere Rollen anlegen wollten. Als ich an der Reihe war, sprudelte es förmlich aus mir heraus: »Mortimer, also, ich sehe den so: Der ist ein absoluter Terrorist. Der kommt aus einem typischen englischen Haushalt und hasst alles, was puritanisch ist. Der will sich an seinem Vater rächen, deshalb ist er konvertiert! Und seit er in Rom war, hat er sozusagen die Allmacht des Papstes hinter sich. Dort hat er den Auftrag bekommen, Maria Stuart zu befreien und gegen die puritanische Elisabeth Front zu machen. Die Tatsache, dass er eine Affäre mit Maria Stuart hat ...« Ich zuckte mit den Achseln. »Das ist keine Liebesgeschichte, sondern der knallt die einfach, weil er Bock drauf hat und weil er eben so ist.«

Abrupt kehrte Stille ein, man hätte die berühmte Stecknadel fallen hören können. Meine Dozenten waren kreidebleich geworden und starrten mich fassungslos an. Als einer von ihnen die Stimme wiederfand, rief er aufgebracht: »Mortimer ist eine der bedeutendsten Rollen für den jugendlichen Liebhaber! Schon unter dem großen Heinz Hilpert wurde er als glühender, leidenschaftlicher junger Mann dargestellt ...« Er schnappte nach Luft.

Ich zuckte mit den Schultern. Ganz offenbar hatte ich ein Sakrileg begangen. Nachdem sie meine ketzerischen Aussagen dem Direktorium gemeldet hatten, brachte mir das einen Verweis ein. Es sollte nicht der einzige bleiben.

Was die Interpretation der Rolle anging, hatte ich jedoch nicht die geringste Lust, den in meinen Augen genialen Ansatz umzuschmeißen, und erwiderte, ich sei schließlich an einer Schauspielschule und müsse mich auch ausprobieren dürfen.

Kurz, ich machte es meinen Lehrern nicht leicht. Vielleicht spürten sie ja auch, dass in mir hochexplosive Gefühle an die Oberfläche drängten. Wer hält sich schon gern in der Nähe eines Vulkans auf, der jeden Moment auszubrechen droht?

Nicht all meine Lehrer sahen mich schief an. Einige gaben mir in jener Zeit regelrecht Halt, allen voran mein Techniklehrer, meine Gesangslehrerin, mein Fechtlehrer und mein Aikido-Lehrer.

Eine der tiefsten Erfahrungen war es, einen Aikido-Lehrgang

TAGEBUCH

München, November 1987

Habe heute nach der Lektüre sofort die Biblio-
thek der zweiten Frau meines Dads geplündert.
Ich hatte recht! Schillers Ansatz war insbeson-
dere, die Zusammenhänge bzw. Unterschiede von
Pflicht und Neigung und persönlicher Tragik und
Schicksalstragik herauszuarbeiten! Historisch
wollte die protestantische Elisabeth um jeden
Preis eine Allianz von ihrer katholischen
Schwester Maria, dem Papst und Philipp II.
von Spanien verhindern, der Vorbereitungen zur
Eroberung Englands traf (Armada). Der Sieg
über die Armada war der Untergang Spaniens und
Aufstieg Englands zur Weltmacht.
In diesen Wirren scheint es mir wenig realis-
tisch, dass Mortimer schlicht der »glühende
Liebhaber« gewesen sein soll ...
Außerdem ist es eine schwache Entscheidung im
Thema, »starke Konflikte der Figur« zu wählen.
Folglich werde ich alles in meiner Macht
Stehende tun, um meine Spielvision durchzu-
setzen. Wer ist schon Heinz Hilpert?! Ich bin
Francis Fulton-Smith und der einzige Engländer
im Raum! Ich weiß, ich sollte das nicht laut
sagen, aber ist doch wahr ...

unseres japanischen Großmeisters O'Sensei Noboyuki Watanabe besuchen zu dürfen.

Im Alter von zehn Jahren hatte ich mit Karate begonnen, dem »Weg der leeren Hand«. Später waren Kung-Fu und Taekwondo hinzugekommen, doch während der Internatszeit war es schwierig gewesen, eigenen Interessen nachzugehen. Die spirituellen Botschaften der Kampfkünste hatten eine Saite in mir angeschlagen, die sich wie ein Déjà-vu anfühlte, und das ließ mich nicht los.

Die nächste Begegnung spiritueller Natur war eine Gruppe im Freundeskreis meiner Mutter, welche sich »Freundeskreis« nannte und sich intensiv mit der Kraft der Gedanken beschäftigte sowie der Energie, die sich daraus manifestiert. Ich erkannte, dass wir in Bildern denken und diese sich energetisch durch unser Bewusstsein aufladen lassen. Und ganz allgemein, dass Gedanken letztlich (Energie-)Programme sind, die mit dem Gesetz der Anziehung, dem Law of Attraction, verbunden sind: Was ich denke, das ziehe ich an. Damals war ich achtzehn und fand es absolut faszinierend, hinter den Schleier des Offensichtlichen zu blicken.

Als ich mit Aikido begann, dem Weg aus Kraft und Harmonie, lernte ich Grundlegendes über die Kommunikation zwischen Menschen und die Möglichkeit, eine Absicht oder einen Angriff früh zu erkennen. Wohin zielte die Energie des anderen? Und wie begegnete ich ihr? Trat ich in die Angriffslinie, um die Absicht zu unterbinden? Oder bewegte ich mich aus dieser Zone hinaus? Wenn ich das tat, so erkannte ich, musste mein Gegenüber seinerseits reagieren. Ich konnte also den geplanten Angriff energetisch verlängern oder aber verkürzen. In jedem Fall hatte ich die Situation umgedreht: Aus dem agierenden Gegner war ein reagierender Gegner geworden, der mir folgen musste. Die Kontrolle lag jetzt bei mir. All das ging mit verschiedenen Bewegungsmustern einher.

Das Faszinierende an diesen Techniken war für mich, dass sich aus der Veränderung des Bewegungsmusters eine Form der Kommunikation bildete, die nicht mehr einem Kampf, sondern einem Tanz entsprach. Ein ganz neuer Ansatz, mit Konflikten umzugehen …

NOTIZ AN MICH

Wenn ich mir täglich vorstelle, von Idioten umgeben zu sein, wem werde ich wohl ständig begegnen …?

Das Lesen eines anderen Menschen ist essenziell – im Leben wie auf der Bühne. Auch der Schauspieler muss lernen, seine »Absicht« – also die Gedanken, die Intention – zu empfangen und klar auszusenden. Sein Spiel muss ablesbar sein. Welche Emotionen auch immer man empfindet – wenn der Zuschauer sie nicht lesen kann, macht man etwas falsch.

Und so kam es, dass Aikido ein fester Bestandteil des Lehrplans war. Seit Jahren hatte es Tradition, dass unser O'Sensei Watanabe nach Niederbayern auf den Hof meines Aikido-Lehrers kam und dort unterrichtete. Zum einen war es nicht nur ein energetischer Kraftort, sondern Watanabe hegte auch eine tiefe Verbundenheit zu Deutschland, da er meines Wissens als Kind von deutschen Soldaten gerettet worden war. Diese Liebe war für uns Schauspielschüler ein großes Glück.

Ich durfte sogar im Haupthaus, also im *inner circle,* schlafen – eine Ehre, die nur wenigen zuteilwurde. Es waren asketische Tage voll intensiven Trainings: Morgens um fünf Uhr hieß es aufstehen und sich in Stille bereit machen für Iaido, die Kunst des Schwertziehens. Ich legte den weißen Aikido-Anzug an, den vier Meter langen schwarzen Gurt, Obi genannt, und darüber den Hakama, einen Rock in Blau oder Schwarz, den es, wie zuvor den Obi, in einer speziellen Art zu binden galt.

Nachdem wir uns alle bereit gemacht hatten, huschten wir mit unserem Katana, dem japanischen Samurai-Schwert, durch die Dunkelheit in die ungeheizte Remise, die zu einem großartigen Dojo ausgebaut worden war. Hier wurden wir in Iaido, der Kunst des Schwertziehens, unterrichtet.

Alle Schüler mussten vor dem Eintreffen des O'Sensei anwesend sein. Wir saßen in mehreren exakten Reihen nebeneinander, mit geschlossenen Augen im Fersensitz. Das Schwert lag neben uns, während wir uns auf unseren Atem konzentrierten. Es war mucksmäuschenstill.

Um Punkt sechs öffnete sich das Scheunentor, und der Großmeister betrat schweigend den Raum, ebenfalls in traditioneller Weise gekleidet und mit einem Schwert an der Seite. Er ging zur Mitte des Raums, wo ein Blumengedeck unter dem Bildnis unseres Großmeisters und des Erfinders des Aikido hing: Morihei Ueshiba wachte sozusagen über uns. Dann verneigte sich O'Sensei still vor Ueshiba, und wir taten es ihm gleich. Sodann wandte der Meister sich uns zu. Nach einigen Atemzügen mit geschlossenen Augen verneigte er sich vor uns und wir vor ihm. Dann nahm jeder sein Schwert auf und platzierte es angewinkelt vor sich. Anschließend verneigten wir uns erneut vor dem Schwert und sagten dabei alle gleichzeitig: »Onegaishimasu.« Der Gruß drückte unseren Dank aus und richtete sich an alle: den Lehrer, das Schwert und die Mitschüler.

Dann nahm jeder sein Katana und schob es zwischen Obi und den Hakama. Anschließend erhoben wir uns. Jeder prüfte sorgsam den Abstand zu den Umstehenden. Und dann zogen wir gemeinsam mit O'Sensei das Schwert. In größtmöglicher Stille hoben wir synchron mit dem Einatmen das Schwert über den Kopf und führten es mit dem Ausatmen gezielt etwa bis zur Höhe des Bauchnabels. Diese Übung wiederholten wir immer wieder, sie diente unter anderem dem Aufwärmen. Anschließend baute sich das Training zu einer komplizierten Abfolge von Schlägen in alle vier Himmelsrichtungen auf. Nach einer Stunde waren war schweißgebadet.

> ALLES IM HIMMEL UND AUF ERDEN ATMET.
> DER ATEM IST DER FADEN, DER DAS GANZE
> UNIVERSUM ZUSAMMENHÄLT. WENN DU DIE UNZÄHLIGEN
> VARIATIONEN DES UNIVERSELLEN ATEMS SPÜREN KANNST,
> DANN WERDEN DIE INDIVIDUELLEN TECHNIKEN
> DER KUNST DES FRIEDENS GEBOREN.
> MORIHEI UESHIBA

Eines Morgens sagte ein Schüler nach dem Iaido-Training echauffiert: »O'Sensei! Nun machen wir das alles hier schon den vierten Tag. Immer schweigen wir nur! Wann machen wir denn auch mal etwas zusammen?!«

O'Sensei überlegte kurz und sagte dann mit einem Lächeln: »Wir machen schon seit vier Tagen etwas gemeinsam, wir atmen.«

Das allgemeine Gelächter war ebenso wie das Atmen ein Zeichen der Verbundenheit.

TAGEBUCH

Niederbayern, im Frühjahr 1989

Bin heute Nacht mit meinem Lehrer und zwei
anderen heimlich mitten in der Nacht aufgestan-
den. Wir haben die volle Montur angezogen und
sind mit unseren Katanas nach draußen gehuscht.
Auf der Wiese vor dem Haus liegt ein tonnen-
schwerer Findling, den unser Lehrer zu einem
Brunnen umgebaut hat. Entlang der Felder blickt
man von hier auf einen märchenhaft anmutenden
Wald. Wir saßen im Halbkreis auf dem nahen
Hügel und atmeten mit geschlossenen Augen,
unserem Atem folgend die Stille der Nacht.
Ich spürte meinen Herzschlag und das Blut in
meinen Adern fließen und konnte gleichzeitig
die zirpenden Grillen hören. Als ich nach einer
gefühlten Ewigkeit ganz nah bei mir war und
aufsah, blickte ich in die bernsteinfarbenen
Augen einer Eule, die sich unbemerkt an den
Rand des Brunnens gesetzt hatte und sich vermutlich fragte, was wir wohl für drei komische
Vögel sind ... Dann öffnete sie die mächtigen
Schwingen und entschwand lautlos in die Nacht

VON MÜNCHEN IN DIE FAVELAS

Als sich das Studium nach vier Jahren dem Ende näherte, kam das Intendantenvorsprechen. Manche sagen, es sei der Sklavenmarkt der Schauspieler, weil dort Arbeitskräfte billig eingekauft werden könnten. Dennoch, allein das Vorsprechen entschied darüber, ob man ein Engagement bekam, auf das man all die Jahre hingefiebert hatte. Ich war gut vorbereitet, doch es sollte sich herausstellen, dass sich kein einziger Intendant für mich interessierte. Meine Kommilitoninnen und Kommilitonen wurden reihum wegengagiert, manche von ihnen konnten sogar zwischen mehreren begehrten Häusern wählen. Doch ich hatte nicht ein einziges Angebot. Das war wirklich bitter.

»Toll«, sagte ich mir. »Jetzt warst du auf einer der besten Schauspielschulen, hast die ganze Technik und alles gelernt, und dann gibt es nicht mal die kleinste Klitsche, die mit dir arbeiten möchte.«

Auf dem Jahrmarkt der Eitelkeiten hatte ich einen empfindlichen Schlag gegen mein Ego einstecken müssen. Ich fiel in ein tiefes Loch aus Frustration, Wut und Selbstmitleid.

NACHTS SCHLAFEN DIE RATTEN

Höre sie schnarchen
Liege schweißgebadet
Umgeben vom Dunkel

Wachheit bedeckt kalt
Meine frierende Wärme

Du fehlst meinem Herzen
Ich rufe dich still

Brennende Sonne
Strahlendes Nichts

Bete zu Gott
Hilf mir oh Herr!

München, 10.07.1988

Einige Wochen später saß ich im Büro der Zentralen Bühnen-, Fernseh- und Filmvermittlung, dem damaligen Arbeitsamt für Schauspielerinnen und Schauspieler, und war total verzweifelt. Der Agent, der mich auch beim Vorsprechen erlebt hatte, meinte, er finde meine Arbeit ziemlich gut und könne sich auch nicht erklären, weshalb sich niemand für mich interessierte. Mitten im Gespräch klingelte das Telefon. Die Landesbühne Esslingen suchte dringend einen Hauptdarsteller für ein Musical. Es ging um einen Fußballjungen aus den Favelas, der zum Superstar aufstieg und später an seinem Ruhm zugrunde ging – eine Art Diego-Maradona-Geschichte. Die feinen Härchen an meinen Unterarmen stellten sich auf.

WENN DU GLAUBST, DASS ES FUNKTIONIEREN WIRD,
WIRST DU CHANCEN SEHEN.
WENN DU GLAUBST, DASS ES DAS NICHT WIRD,
WIRST DU HINDERNISSE SEHEN.
WAYNE D. DYER

—

»Das bin doch ich«, sagte ich rundheraus. Instinktiv wusste ich, das war meine Rolle. Ich konnte singen, tanzen, spielen, kicken. Es klang einfach perfekt, wie für mich gemacht! Und mit dieser Überzeugung zog ich in die imaginäre Schlacht: zum Vorsprechen nach Esslingen.

Zwei Tage später machte ich mich auf den Weg Richtung Stuttgart. In Esslingen herrschte Totenstille. Der beschauliche Ort kam mir an diesem Tag vor wie eine Geisterstadt, in der nur das Präriegras durch die Straßen wehte. Kein Mensch war weit und breit zu sehen, alles roch nach einem bösen Hinterhalt.

Auch der Bühneneingang lag verlassen da. Ich fragte den Pförtner, was denn los sei. Er erklärte mir, es finde gerade eine Ensembleversammlung statt, alles sei sehr schlimm. Ich runzelte die Stirn und hakte nach.

»Haben Sie's denn nicht mitbekommen? Der Golfkrieg hat angefangen«, sagte er. »Da muss das Theater ja drauf reagieren.«

Ziemlich perplex ließ ich mich von ihm in die Kantine führen. Ein seltsames Gefühl machte sich in mir breit. Der Golfkrieg … Kein Wunder, dass niemand auf der Straße war. Wahrscheinlich saßen alle gebannt vor dem Fernseher und guckten Nachrichten, allein mit ihrer Angst vor einem Dritten Weltkrieg. Und ich saß hier, an einem kargen Tisch, vor mir eine Tasse Kaffee, der langsam kalt wurde.

Irgendwann fand mich der Intendant und nahm mich kurzerhand mit in die Versammlung.

Mein Blick schweifte über die Anwesenden. Am Morgen war ich losgefahren, in der Hoffnung, hier meinen Platz zu finden, ein Teil des Ensembles zu werden. Doch jetzt?

Verschiedene Aktionen in der Fußgängerzone wurden besprochen, das Rezitieren von Böll, von Flaubert. Natürlich war es wichtig, Haltung zu zeigen. Zugleich war die Angst vor einem Atomkrieg omnipräsent, sie lähmte jeden, auch mich. Ich musste an Karl Valentin denken und sein legendäres Zitat:»Früher war alles besser, sogar die Zukunft.« Welchen Sinn machte das Theaterspielen überhaupt noch in einer solchen Zeit? Die anderen schienen diese Stimmung zu teilen, und schließlich gingen alle gleichermaßen nachdenklich, besorgt und unzufrieden auseinander.

»Ja, also«, meinte der Intendant und machte eine vage Geste in meine Richtung.»Dann sprechen Sie mir jetzt vor.«

Ich zuckte mit den Schultern, deprimiert von dieser ganzen Kriegshysterie.»Das macht doch alles überhaupt keinen Sinn«, sagte ich und meinte es genau so.

Der Intendant schüttelte vehement den Kopf.»Nein, nein, jetzt sind Sie ja schon hier, dann können Sie doch auch vorsprechen.«

Ich war tatsächlich in eine Krise gerutscht und wusste nicht, wie ich da auf die Schnelle hinausfinden könnte.

»Ich gehe jetzt mal eine Runde spazieren«, sagte der Intendant, »und ich schlage vor, Sie tun das auch. Wir treffen uns in zehn Minuten wieder, dann sind Sie wieder frisch und können mir vorsprechen. Das ist ja auch die Kunst des Theaters, Sie müssen sich innerlich frei machen und dann einfach so weitermachen, als ob nichts gewesen wäre.«

Er hatte natürlich recht. Zum Schauspielerberuf gehört das »Liefern« dazu: Was immer in der Welt, in deiner Familie, in dir geschieht, du musst abliefern können. So war es auch an diesem Tag.

Also machte ich mich auf den Weg durch die Straßen und Gassen mit ihren illustren Fachwerkhäusern. Nun ist das beschauliche Esslingen im Vergleich zu einer Millionenstadt recht klein, und so kam es, dass ich schon an der nächsten Ecke dem Intendanten über den Weg lief.

»Hallo«, grüßte ich verlegen.

Er lächelte flüchtig, meinte: »Hallo, ach, da sind Sie ja. Wir sehen uns gleich.«

»Jaja«, nickte ich und schlug die entgegengesetzte Richtung ein – nur um ihm nach der nächsten Kurve schon wieder in die Arme zu laufen.

»Na, geht's schon wieder?«, fragte er.

»Jaja, schon besser«, meinte ich und suchte mir einen Weg durch eine Passage. Kaum war ich hindurchgegangen, lief ich buchstäblich in ihn hinein.

»Sie schon wieder«, meinte er, während ich verlegen lächelte. Es war verrückt!

Nach zwei weiteren solcher Begegnungen landeten wir nahezu gleichzeitig an der Pforte. Willkommen in Absurdistan, dachte ich – und dann nahm das Vorsprechen seinen Lauf. Eine Stunde später stand fest: Ich hatte mein erstes Engagement in der Tasche.

Auf in die Favelas!

TANZ AUF DEM VULKAN

////////

Wo es kein Ego gibt, gibt es kein Problem,
keinen Konflikt, keine Zeit – Zeit im Sinne
von Werden oder Nichtwerden,
Sein oder Nichtsein.

Krishnamurti

///// **Nun war ich also in der Provinz gelandet statt am Broadway.** Schnell begriff ich, welches Glück ich damit hatte. Es waren nicht nur die großen, herausfordernden Rollen und die Erfolge: Endlich konnte ich die schwierigen Erfahrungen aus dem Internat, die mir immer noch anhafteten, weit hinter mir lassen. Ich lebte in einer Wohngemeinschaft in einem historischen Fachwerkhaus unterm Dach. Unser Reich bestand aus unglaublichen 220 Quadratmetern und einer Dachterrasse mit Blick über den Neckar. Und das Beste: Unter uns befanden sich nur Büros und Arztpraxen. Am Abend, nach den Proben, konnten wir die Musik aufdrehen, dass die Wände wackelten. Hier fand ich neue Freunde. Wir diskutierten, kochten, feierten … Es war eine grandiose Zeit, aufregend, voller neuer Erfahrungen.

Ich schob alles Negative weit von mir, in irgendeinen Winkel meiner Psyche, und versenkte es dort. Sicher, es hatte schwere Zeiten gegeben, die mich psychisch gebeutelt hatten, aber jetzt … jetzt ritt ich die Welle des Erfolgs, und keiner, nicht mal ich selbst, würde mich runter vom Board und in die Tiefe ziehen.

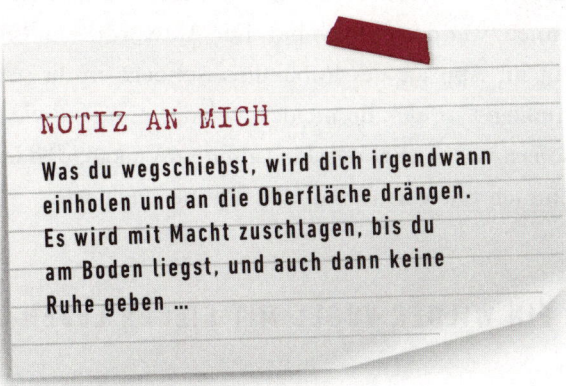

NOTIZ AN MICH

Was du wegschiebst, wird dich irgendwann einholen und an die Oberfläche drängen. Es wird mit Macht zuschlagen, bis du am Boden liegst, und auch dann keine Ruhe geben …

Nun ist es mit schmerzhaften Erfahrungen ganz ähnlich wie mit Gerümpel, das wir im Keller lagern … alte Bücher, der Gitarrenkoffer: Irgendwann stolpern wir drüber, und frei nach Murphys Gesetz bevorzugt dann, wenn wir es gar nicht gebrauchen können. Wobei der Vergleich hinkt: Der Gitarrenkoffer verstaubt bloß, tiefe Wunden in der Psyche aber sind wie die verstimmte Bass-Saite, die den Klang der Akkorde beeinträchtigt. Es sei denn, man lässt die höheren Töne aus, nimmt den Melodien die Tiefe. Oder man schlägt die Saiten so hart an, dass man die Disharmonien überhört. In Letzterem war ich gut.

> SCHAUSPIELER IST KEIN BERUF,
> SONDERN EINE DIAGNOSE.
> GRIECHISCHES SPRICHWORT

———

Wenn der Selbstwert kaputt ist, reichen positive Erfahrungen allein nicht aus, um ihn zu heilen. Du legst Tag für Tag deine Maske und deine Rüstung an. Bist immer gut drauf. Oder spielst du nur, du bist gut drauf? Du weißt es selbst nicht, denn dafür müsstest du erst mal erkennen, wer du wirklich bist. Die Antwort darauf findest du aber nicht im Applaus des Publikums, sondern in dir selbst. An einem dunklen Ort, den du meidest, solange es irgendwie geht …

Insofern war es eher der Tanz auf dem Vulkan, den ich lebte, auch wenn ich mir vormachte, dass ich die Welle ritt.

EIN WILDER VOGEL MIT SIEBEN LEBEN

Endlich spielen dürfen!

Fernando Maria Olivares – so hieß die Rolle, mit der ich meine Bühnenpremiere feiern sollte. Fernando ist ein wilder Vogel aus den Slums einer brasilianischen Metropole, verwahrlost, verschlagen. Über ihm, am grenzenlosen Himmel, schwebt Garuma, eine Graumöwe, der sieben Leben nachgesagt werden, und lässt ihn träumen: von fernen Horizonten und einer Zukunft, in der nicht der Hunger, sondern der Ruhm regiert. Fernando träumt jedoch nicht nur, er kickt auch, und zwar so unsagbar gut, dass er eines Tages vom Fleck weg als Profi-Fußballer engagiert wird. Die Jahre im Slum haben ihn hart gemacht, widerstandsfähig. Ohne Rücksicht auf sich selbst zu nehmen, erkämpft er sich seinen Platz bis an die Weltspitze. Feiert grandiose Erfolge, kennt kein Maß mehr – und geht am Ruhm zugrunde.

Die Niederländer Ad de Bond und Guus Poinsonen hatten mit *Die Ballade von Garuma* ein fetziges Musical hingelegt, mit pointierten Jazznummern und einer überzeugenden Storyline. Hoffnung, Euphorie und Jubel, Politik, Liebe und Verrat – da war *alles* drin. Ich kam frisch von der Schauspielschule und war top vorbereitet. Damals hatte ich bereits den zweiten Dan in Aikido und war entsprechend gelenkig, was mir bei den akrobatischen Nummern zupasskam. Ich konnte steppen, beherrschte Jazzdance und hatte eine hohe Baritonstimme.

Die Probenarbeit gestaltete sich immens aufwendig und fühlte sich für mich als Neuling deshalb geradezu paradiesisch an. Alle Sparten waren gefragt – Sprechproben, Gesang, Choreografie, dazu das Kicken … Mein Spielpartner, mit dem ich heute noch befreundet bin, spielte einen zweiten Jungen aus den Favelas. Er wurde mein bester Freund, wir zwei hielten zusammen wie Pech und Schwefel. Zum Kicken hatten wir keine tollen Lederfußbälle, sondern, ganz authentisch, aus Lumpen und Schaumstoffresten zusammengeflickte Kugeln.

Um mir die Rolle zu erarbeiten, beschäftigte ich mich natürlich auch mit dem Hintergrund des Stücks, den Zuständen in den

Slums – und mit Diego Maradona. Als Schauspieler hat man häufig mit fiktiven Figuren zu tun; der Ausflug in die Realität dieses tragischen Helden öffnete mir die Augen und war Warnung zugleich. Ein denkbar schlechter Start ins Leben, das ganze Elend, die Herabsetzungen … und dazu ein Ausnahmetalent, das sich trotz aller Knüppel, die das Leben ihm in den Weg warf, Bahn brach. Natürlich fragte ich mich, warum er an dem Erfolg zerbrochen war. Und es war ja nicht nur er – auch anderen Sportlern und so einigen großen Schauspielkollegen war es ähnlich ergangen. Es galt, die Bodenhaftung nicht zu verlieren. Aber von solchen Herausforderungen war ich zu dem Zeitpunkt noch ein ganzes Stück entfernt.

Die Proben begannen um zehn Uhr morgens und dauerten mit kurzer Pause bis 22 Uhr. Der Sonntag war für das Lernen des Textes vorgesehen. Schnell begriff ich, dass so manche Techniken, die wir an der Schauspielschule in heiligem Ernst zelebriert hatten, unter Profis nicht gerade angesagt waren. Hier setzte sich keiner Rücken an Rücken, um den anderen zu erspüren, man fasste sich auch nicht ständig an oder nahm sich Zeit, die Resonanzräume im Körper zu erkunden, bevor man zu sprechen begann. Text und Stimme mussten sitzen, auch deshalb, weil die Aufführung in einer riesigen Lagerhalle des Theaters stattfand. Das Bühnenbild war einem Stadion nachempfunden: in der Mitte das Spielfeld, die Tribüne ringsum der Zuschauerraum. Das brachte eine weitere Herausforderung mit sich: Statt nach dem Guckkastenprinzip – hier die Bühne, dort draußen die Zuschauer – mussten wir alle bespielen, rundum, in einem Winkel von 360 Grad. Das war völlig neu für mich – und auch das fand ich damals einfach grandios. Zudem gab es keine Hinterbühne, in der man zwischen zwei Auftritten mal eben eine Auszeit nehmen oder einen schnellen Blick ins Textbuch hätte werfen können. Ich war die ganze Zeit wie auf dem Präsentierteller. Anstrengend, ja, doch auch unfassbar geil. Und es hatte einen Vorteil. Eine alte Theaterweisheit sagt: Wer abgeht, muss auch sehen, wie er wieder auftritt. Den Kampf um die Bühnenpräsenz konnte ich mir also ganz nebenbei sparen, da war kein Entkommen.

Die Premiere war fulminant. Meine Eltern mit ihren neuen Partnern saßen im Zuschauerraum und staunten nicht schlecht, wie ich da singend und tanzend umherhüpfte. Mein Opa war leider schon verstorben, aber meine Oma konnte mich noch einmal live erleben. Stolz war sie, »Mei, was der Bua alles kann!«.

»Wahnsinn, wo hast du nur das Talent her, so zu spielen?«, fiel meine Mom nach der Premiere in die Lobeshymnen ein.

Ehe ich darauf reagieren konnte, sagte meine Großmutter im Brustton der Überzeugung: »Das hast du von Grete Vadé, der Schwester deines Großvaters. Sie war eine berühmte Schauspielerin in Halle.«

Ich war überrascht, weil ich zum ersten Mal davon hörte, dass es eine Schauspielerin in der Familie gegeben hatte.

»Wenn du die Aufzeichnungen der Ahnenforschung vom Opa liest, wirst du so einiges über dich und unsere Familie erfahren«, sagte meine Omi und grinste verschmitzt.

In diesem Moment wurde mir klar, dass wir eben nicht allein auf der Welt sind, sondern jeder von uns immer auch die Geschichte und Energie der Vorfahren mit sich herumträgt. Was für den einen eine Bürde sein mag, ist für den anderen eine Befreiung.

Ich erfuhr später tatsächlich enorm Spannendes über meine Familie, unter anderem, dass ein Teil unserer Linie mit dem niederbairischen Adelsgeschlecht derer zu Satzenhofen verwandt ist, die erstmals 1164 urkundlich erwähnt wurden. Aber das ist eine andere Geschichte …

Spielen und damit auch noch Geld verdienen – mit der Premiere wurde ein Traum wahr, der in meiner Kindheit erste Formen angenommen und mich in den vergangenen Jahren innerlich ein Stück weit gerettet hatte. Apropos Internat: Auch ein paar Freunde aus der Schulzeit waren gekommen. An diesem Abend fühlte es sich wie eine Staffelübergabe an: Eine Zeit war zu Ende gegangen, eine neue brach an.

NOTIZ AN MICH

Wie hat jemand – vielleicht Aristoteles? – mal gesagt?
Wir können den Wind nicht ändern, aber die Segel anders setzen.

Ich spielte an einer Landesbühne, und wie der Name sagt, machten wir Abstecher in ganz Baden-Württemberg und darüber hinaus. Von Scheunentheatern auf der Alb bis hin zur Hugenottenhalle in Neu-Isenburg: Jedes Gastspiel war eine neue Herausforderung, das Bühnenbild, die Choreografie, die Stimme, alles musste an die Gegebenheiten vor Ort angepasst werden. Manchmal war das lustig, weil wir einander mit jedem Ausfallschritt fast auf die Füße traten, so klein war die Bühne – da waren eher froschartige Bewegungen angesagt. Dann wieder, wenn es zurück ins Freie ging, fieberten wir gemeinsam, was der Wetterbericht sagte.

So einige Kollegen hätten die Nase gerümpft angesichts der Klitschen, in denen wir spielten. Aber ich liebte sie, diese buchstäbliche Nähe zum Publikum. Zwischen dem Schauspieler und dem Zuschauer besteht eine Wechselwirkung, der eine existiert durch den anderen. Und letztlich möchte man mit seiner Kunst ja unterhalten und auch etwas bewegen. Die Früchte dieser Arbeit bekamen wir hautnah mit, im wahrsten Sinne des Wortes. Wenn sonst die Scheinwerfer das Publikum nahezu unsichtbar machten, sah ich hier die Reaktionen in den Augen, sah das Lachen, die Tränen, auch Nachdenklichkeit. Es war schlicht beglückend.

Aus meinem Gastspiel wurde ein festes Engagement mit spannenden Hauptrollen, Shakespeare und *Happy End* von Elisabeth Hauptmann, Kurt Weill und Bert Brecht, eine Art Nachfolger der Dreigroschenoper. Das Besondere war hier das Orchester, das uns begleitete – nicht nur wegen seiner hohen musikalischen, sondern auch seiner menschlichen Qualitäten. Einmal setzte ich zwei Takte zu früh ein, doch die Musiker, allesamt wahre Profis, retteten mich, sodass es niemandem im Publikum auffiel. Nach der Aufführung spendierte ich einen Kasten Bier, und als wir die Flaschen aneinanderklirren ließen, spürte ich, wie mir ganz warm ums Herz wurde. Füreinander einstehen, sich gegenseitig die Haut retten und dann gemeinsam den Erfolg feiern: Genau das war es, was ich mir immer gewünscht hatte.

Ich war dankbar, in Esslingen meine Erfahrungen sammeln zu dürfen, statt an einer der gefragten Bühnen in Nebenrollen zu verstauben. Dankbar auch für diesen ungeheuren Zufall, im richtigen Moment am richtigen Ort gewesen zu sein und die Möglichkeit bekommen zu haben, eine solch schwere Rolle zu ergattern. Damit hatte ich mir quasi nebenbei sowohl unter den alten Recken als auch unter den jüngeren Mitgliedern des Ensembles meinen Rang erkämpft.

Zufall, Fügung, wer vermochte das schon zu sagen?

NOTIZ AN MICH

Kommt Zufall von »zu fallen«, jemandem
fällt etwas zu?
Sechs neue »Fälle« der deutschen Sprache,
ohne Grammatik:
- Zufall
- Beifall
- Streitfall
- Anfall
- Reinfall
- Abfall

Und es war ein Anfang, die ersten Schritte auf meinem Weg.
Manchmal dachte ich an die Schauspielzeit zurück, an die großen
Mimen, die ich damals beobachtet hatte … Auch sie hatten klein
begonnen. Wohin mein Weg mich wohl führen würde?

AQUARELL STATT ÖL

Erste Erfahrungen mit der Kamera sammelte ich mit *Madame
Bäurin*. Es war mein erster Kinofilm unter der Regie von Franz
Xaver Bogner rund um die bayerische Heimat, in die eine ver-
wöhnte Witwe (Christine Ostermeier) mit ihrer hübschen Tochter Rosalie (Julia Stemberger) einfällt; Erstere bringt das Leben
auf dem Hof durcheinander, Zweitere die Hormone des jungen
Franz Schiermoser, des künftigen Erben des Hofes, auf dem Mutter und Tochter unterkommen. Und das alles vor dem Hintergrund des Ersten Weltkriegs, von dem damals noch keiner ahnte,
dass er so heißen würde … weil ein zweiter, noch furchtbarer,

TAGEBUCH

Hatte mich bei einer Diskussionsrunde an der
Schauspielschule, drei Tage vor der Premiere,
total mit dem Regisseur des Stücks überworfen,
weil er in höchsten Tönen von dem System der
DDR schwärmte. Natürlich war es eine enorme
Ehre, dass er sich für uns Schüler Zeit nahm.
Und ich weiß auch nicht, weshalb ich nicht
meine Klappe halten konnte ... Jedenfalls
meinte ich daraufhin, das sei ja auch leicht
für ihn, so was zu sagen, wo er offensichtlich
hin und her reisen und im Westen inszenieren
durfte. Na, da war was los ...!!! Er bekam fast
einen Herzinfarkt vom Schreien, und man for-
derte mich auf, den Klassenraum zu verlassen!
Unnötig zu erwähnen, dass meine Chancen
auf eine Premierenkarte damit futsch waren.
Aber ich wollte unbedingt meine Idole Thomas
Holtzmann, Claus Eberth, Ulrich Matthes und
Rolf Boysen auf der Bühne live sehen!
Durch meine Kumpel unter den Bühnentechnikern
wusste ich von einem geheimen Platz auf dem
Schnürboden, von dem aus man seitlich die ganze
Bühne im Blick hatte. Dort schlich ich mich hin –
und war von dem Spiel verzaubert. Es war eines
der tollsten und intensivsten Theatererlebnisse
für mich. Vielleicht sogar gerade WEIL ich nicht
mit allen anderen im Zuschauerraum saß, sondern
hier oben, wo die Magie einen ganz anderen Sog
hatte. Ich dankte innerlich grinsend dem Regisseur für diese einzigartige Chance.

angezettelt werden sollte. Weil die Menschen den Frieden erst lernen müssen.

FÜNF GROSSE FEINDE DES FRIEDENS WOHNEN IN UNS:
HABGIER, EHRGEIZ, NEID, WUT UND STOLZ!
WENN DIESE FEINDE VERTRIEBEN WERDEN KÖNNTEN,
WÜRDEN WIR ZWEIFELLOS EWIGEN FRIEDEN GENIESSEN.
FRANCESCO PETRARCA

—

Die Besetzung war hochkarätig, mit Hanna Schygulla, Gundi Ellert, Franz Xaver Kroetz, Toni Berger in weiteren Rollen. Wir drehten mitten in den Theaterferien – nach Garuma, Bill Cracker und Lucio in *Maß für Maß* stand ich dermaßen unter Strom, dass Urlaub für mich ganz hinten auf die Liste meiner Begehrlichkeiten gerückt war.

Zumal ich die Schauspielerei bis heute überhaupt nicht als Arbeit empfinde! Sie war und ist Ausdruck meiner selbst, all der Farben, die ich ständig neu anmischte, um neue Nuancen spielen zu können. Ich ging so weit, dass ich die ersten sechs Jahre meiner Bühnentätigkeit überhaupt keine Ferien machte, sondern permanent probte, spielte, drehte.

Es gab so unfassbar viel zu lernen …

Madame Bäurin war eine besondere Herausforderung, denn ich war außerhalb von Esslingen noch unbekannt und sollte nun an der Seite von echten Film- und Theaterlegenden die männliche Hauptfigur spielen. Hinzu kam die Rolle an sich: das Leben eines jungen Bauern um das Jahr 1917, in historischen Kostümen. Die Sprache, die Gestik, der Gang – alles musste an das damalige harte Landleben angepasst werden, damit es eine Illusion weben konnte,

Die erste Film-
rolle: an der
Seite von Julia
Stemberger in
»Madame Bäurin«
(1993)

statt wie Kulisse zu wirken. Ich musste den natürlichen Umgang
mit den Pferden lernen, das Aufzäumen und Einspannen, das Aus-
misten des Stalls, das Schwingen der Sense … All die kleinen
Dinge des Alltags, die man sich als Außenstehender erst mal erarbeiten muss – und die mir nebenbei einen Heidenrespekt vor der
Arbeit der Landwirte abverlangten. Ähnlich wie bei Garuma wei-
tete sich mein Blick. Ich spürte eine leise Nostalgie angesichts
einer Zeit, die ich nie kennengelernt hatte, die hart gewesen war,
aber auch auf gewisse Weise ehrlich. Die Menschen hatten noch
gespürt, was sie der Natur abverlangten, hatten gewusst, dass
Wachstum nicht unendlich ist. Der metallische Geruch, der beim
Dengeln der Sense entsteht, das Geräusch der von Hand gekur-
belten Melkmaschinen … es war eine Zeit, die meine Großeltern
noch erlebt hatten. Meine Liebe zur Natur sowie die Erfahrungen

in England verbanden mich damit – auch wenn ich in gerade mal dreiundzwanzig Drehtagen maximal eine Art Schnupperkurs in Landwirtschaft hinlegte.

Jedenfalls machte ich auf dem idyllisch gelegenen Hof bei Dietramszell meine ersten Gehversuche in Sachen Film. Franz Xaver Bogner führte mich an einer langen Leine, er wusste genau, wie er mich zu nehmen hatte, um mich anzuspornen. Zwei Unterschiede zur Arbeit auf der Bühne waren es, an die ich mich gewöhnen musste: Zum einen fehlte der Austausch mit dem Publikum. Wenn man live spielt, spürt man die Reaktionen sehr direkt, besonders natürlich bei Kindern, die lachen, schreien, auch mal unruhig werden und aufstehen, weil sie am liebsten gehen würden. Was manche durchaus tun. Jetzt war es der Regisseur, dessen Reaktion mich führte.

MACHEN SIE DEM AUSDRUCK PLATZ!
FRITZ KORTNER, AN ROLF BOYSEN GERICHTET

—

Zum anderen lernte ich, dass ich vor der Kamera ganz reduziert spielen musste. Mit einem Mal waren Sprache und Gesten, die Mimik, ja, selbst ein Blick nicht länger für die große Bühne und den dritten Rang ausgelegt. Ich begriff, dass ich für die Leinwand Gefühle und Reaktionen maximal denken durfte, während die Kamera ganz nah auf mich gerichtet war und alles, wirklich *alles* sah. Wenn ich zu viel machte, sprengte es den Rahmen, ließ die Darstellung übertrieben und künstlich wirken. Was wiederum die Illusion im Zuschauer zerstört hätte, den wir Mimen doch ganz weit weg entführen möchten: zu fernen Horizonten, in das Leben anderer Menschen hinein.

Wollte ich es anhand der Malerei ausdrücken, die ich damals sträflich vernachlässigte, würde ich sagen, dass das Theater eher der Ölmalerei entspricht, also kräftig und so richtig rein in die Farben, während der Film im Vergleich dazu nur ganz zarte Andeutungen verträgt, so wie im Aquarell.

HÖHER, SCHNELLER, WEITER

Kaum dass die Kamera und ich eine dreiwöchige intensive Beziehung eingegangen waren, zog es mich schon wieder zurück an die Bühne. Auf zwei Jahre Esslingen folgte Braunschweig, geheiligter Boden, denn hier, am einstigen Hoftheater, war zu Beginn des Jahres 1828 Goethes *Faust* uraufgeführt worden. Das Staatstheater war ein großes Dreispartenhaus, neben Schauspiel waren Musiktheater und Ballett vertreten. Es herrschte schon eine besondere Atmosphäre dort, die mich gleich gefangen nahm. In den Gängen und der Kantine traf ich auf Tänzer, Musiker, Sänger. Überall wurde geprobt, gesungen, sich gedehnt. Die Ballett-Premiere von *Clockwork Orange* stand an, und im Haus wuselte es vor Betriebsamkeit. Wie in Esslingen spürte ich hier die Kraft des Ensembles, dieses Vertrauen ineinander, das Wissen, dass man sich gegenseitig stützt, wenn der eine mal einen Hänger hat. Im Filmgeschäft war es anders, da wurden die Besetzungen alsbald wieder auseinandergerissen. Doch hier, auf den Brettern, die die Welt bedeuten, war Synergie das Zauberwort, das uns half, Magie zu bewirken.

DAS GANZE IST MEHR ALS DIE SUMME SEINER TEILE.
ARISTOTELES

———

TAGEBUCH

How to make the camera fall in love with
you ...

Die Kameralinse ist wie ein Mikroskop an dir
dran. Wie der zärtliche Atemhauch der Liebe
nimmt sie nicht nur jede Pore wahr, sondern
auch jede Regung deiner Gedanken, und speichert
diese, spielerisch und doch auch unbarmherzig
in ihrer Klarheit. Die kleinste Emotion reicht
aus, um beim Betrachter einen Sturm der Gefühle
auszulösen, der uns beschäftigt, entführt,
verzaubert. Sie lädt uns ein in die Geheimnisse
der Magie und lässt uns von unseren Sehnsüchten
träumen.

Auch die Oper hatte es mir angetan. Längst hatte ich mich vom
Musikgeschmack meines Vaters emanzipiert. Wagner, Tschaikowski,
Beethoven, Mahler ... ich brauchte den satten, teils wuchtigen
Klang, um ganz hineinfallen zu können. Die Ouvertüre von *Rhein-
gold* mit ihren einhundertsechsunddreißig Takten, dem Quell, der
sich zum gewaltigen Strom aufbaut, ist schlicht überwältigend.
Überhaupt der ganze *Ring* ... Als *Tannhäuser* geprobt wurde, stand
ich wie gebannt hinter der Bühne und lauschte der Stimmengewalt
der Darsteller, die sich mit den Bläsern zu einem wahren Klangtep-
pich verdichtete. Die Musik trug mich fort, weckte ein Ziehen hinter meinem Brustbein. Das Liebesmotiv in *Tannhäuser* zählt für mich
zu den eindringlichsten in seiner Zartheit ...

Durch einen winzigen Spalt im schweren Vorhang fiel mein Blick auf den opulenten Zuschauerraum mit seinen drei Rängen und den mit rotem Samt bezogenen Sitzen.

Nicht mehr lange bis zur Eröffnungspremiere. Ich würde den Fiesco spielen. Ich war unsagbar aufgeregt.

Ob Braunschweig oder später Hamburg: Natürlich tobten überall auch Grabenkämpfe unter den Schauspielern. Vordergründig waren es Neid und Eifersucht; dahinter stand oft die Angst um die eigene Bedeutung, um die nackte Existenz.

Ruhm ist ein zweischneidiges Schwert. Man kann nicht immer allen gefallen. Gleich ob man sich ausprobiert oder den Vorstellungen der Regisseurin, des Regisseurs folgt – es wird immer irgendwann der Punkt kommen, an dem man scheitert. Und auch das Scheitern muss man üben, um nicht daran zu verzweifeln, sondern sich wieder aufzurichten. Die Erkenntnis, dass man immer nur so gut sein kann, wie man riskiert zu scheitern, ist wie der Sprung des Akrobaten ohne Netz und doppelten Boden. Du musst lernen zu vertrauen. Am nächsten Tag geht der Vorhang erneut auf, das Haus ist ausverkauft, aufgeben ein Ding der Unmöglichkeit. Und vielleicht stehen sie schon da, auf der Hinterbühne, die Kollegen, die deine Rolle wollen, denn Neid ist hierzulande leider oft die höchste Form der Anerkennung.

Im Buddhismus gilt, dass keiner aus sich selbst heraus als eigenständiges Ich existiert, sondern alles miteinander verbunden ist. Durch die Energie, den Atem, den *common link:* dass wir alle leben und Schmerz vermeiden wollen. Wir Menschen haben so viel mehr gemeinsam, Grundsätzliches gemeinsam, als das uns trennt. Was unsere Erkenntnis trübt, sind die sogenannten drei Geistesgifte: Die aus *Unwissenheit* heraus entstandene Illusion eines Egos resultiert in *Hass* und *Gier.* Gegengifte sind Großzügigkeit, Güte

TAGEBUCH

Braunschweig,
nach der Premiere von Schillers
Die Verschwörung des Fiesco zu Genua

Was für ein Abend!
Ich spürte die Leichtigkeit, mit der ich die
Spannung in dem Raum halten konnte, und genoss
die Macht, die man als Schauspieler im Augenblick des Spiels über das Publikum hat. Gebannt
hingen die Menschen an meinen Lippen und folgten mir in die Abgründe der Seele Fiescos. Der
tosende Applaus war überwältigend ... Ich weiß,
dass die große Bühne fortan mein Wohnzimmer,
mein Zuhause sein wird. Hier würde ich am
liebsten ewig leben ...
Meine Eltern waren natürlich auch da, alle vier
und mächtig stolz. Wir sind zusammen essen.
Haben meinen Erfolg und das Leben gefeiert.
Auch die Vergangenheit.
Irgendwie haben meine Mutter und mein Dad
das gut hingekriegt. Damals schon, bei der
Scheidung. Da haben sie sich relativ schnell
im Guten geeinigt. Was für beide sehr wichtig
war: dass keine Schmutzwäsche gewaschen wurde,
niemand nachkeulte. Ich denke, das ist etwas,
worauf man achten muss, wenn ein Traum
zerplatzt: dass man würdevoll abgeht. Dass
man den Partner respektvoll behandelt, statt
mit Anwälten nachzutreten, ihn abzuzocken,

auszunehmen, kein Maß mehr zu kennen. Dann
nämlich geht noch mehr kaputt als nur die
Liebe. Dann wird auch die Vergangenheit in
den Schatten gerückt und fällt der Zerstörung
anheim. Und ein Abend wie dieser wird undenk-
bar, so voller Spaß und Verbundenheit.

und Weisheit. Und auch das eint uns Menschen: die Erfahrung,
Opfer dieser drei Gifte zu werden, die Scham, ihnen selbst zu
erliegen und ihre Gegengifte nicht anzuwenden, nicht ausreichend
zumindest.

Wenn von tausend Plätzen der Beifall ertönt, Bravo-Rufe
laut werden, du zum neunten Mal vor den Vorhang gerufen wirst,
weil die Leute einfach nicht aufhören wollen zu applaudieren …
wenn der Bühneneingang voller Menschen ist, die ein Autogramm
wollen, wenn die Kritiken dich über den grünen Klee loben …
dann jubiliert das Ego und stachelt dich dazu an, dich besser zu
fühlen als andere, besser als die Zweitbesetzung, die Kollegen in
anderen Häusern, die halbe Welt.

Ich hatte und habe durchaus meine Eitelkeiten, Rollen, auf
die ich stolz bin, Erfolge, an die ich gern zurückdenke. Doch damals, als ich den jugendlichen Helden und Liebhaber gab, fiel mir
eines auf. Da waren die älteren Darsteller, meist in Nebenrollen
besetzt. Abends, wenn die Menschentrauben am Bühneneingang
sich lichteten, verschwanden sie allein in der Anonymität der
Großstadt. Auf sie hatte keiner gewartet, kein Autogrammjäger,
kein begeisterter Fan, obwohl das Stück ohne sie nicht vollständig

gewesen wäre, nicht mal hätte stattfinden können. Ich las ihre Namen auf dem Besetzungszettel, ich fand sie wieder in alten Programmheften und begriff, dass sie wie ich waren: vom Erfolg verwöhnt und von so manchen Musen geküsst, nur eben Jahre, Jahrzehnte vor meiner Zeit. Sie waren die Vergangenheit, ich war die Gegenwart. Doch die Zukunft, die gehörte weder ihnen noch mir. Da würden andere kommen und auch mich eines Tages ersetzen.

Es war ein ebenso gnadenloser wie heilsamer Gedanke. Er erlaubte mir, meinen Erfolg zu genießen, ihn aber nicht für selbstverständlich zu nehmen. Ja, ich gönnte mir abgehobene Stunden, aber ich flog selten so hoch, dass ich nicht wieder einigermaßen sanft gelandet wäre.

Ich war ein Kind auf seiner Spielwiese, Peter Pan, Alice im Wunderland. Ich war und bin Shakespeares Löwe und will am liebsten alle Rollen spielen. Ich lebte ganz in meiner Welt, und wie früher, auf den Feldern in Ismaning, neben den angenagten Kohlköpfen, träumte ich mich weg.

Dazwischen sprang ich hin und her, von der Bühne in den Film, wo ich immer mehr Angebote bekam. Ich wollte bloß arbeiten, arbeiten, arbeiten. Ich genoss die Cuts, heute Shakespeare, morgen eine seichte Kiste, übermorgen großes Drama … es war völlig verrückt, atemlos. Fast zweihundert Filme kamen zusammen, dazu die Abende auf der Bühne … irgendwann hörte ich auf zu zählen.

Das Karussell des Lebens drehte sich immer schneller, riss mich in einen Rausch. Karussells mit ihren hölzernen Rössern und der Rummelplatzmusik sind Bestandteil von Kindheitsträumen. Es lassen sich aber auch ganz vorzüglich Albträume, ja, Horrorstreifen damit inszenieren: dann, wenn das Karussell immer schneller wird und nicht aufhören will, sich zu drehen. Anfangs jauchzt du, während die vertraute Welt vor deinen Augen verschwimmt. Dann irgendwann schreist du und schreist und wachst dennoch nicht auf.

In den späten Achtzigern war das Konzept der Glaubenssätze durchaus bekannt: Annahmen über sich und die Welt, von denen man aufgrund früher Prägungen tief überzeugt ist. Sie haben Auswirkungen auf die Wahrnehmung der Innen- wie der Außenwelt, wirken als Filter und verzerren gern mal die Sicht auf sich und andere.

Ich bin nicht gut genug, an mir ist etwas falsch … Kein Applaus der Welt kann dieses Gefühl ausmerzen. Er kann es übertönen, ja, und wenn er anhält und der Erfolg dich zuverlässig begleitet, dann sogar für Jahre, Jahrzehnte. Doch irgendwann, wenn es still um dich wird, wenn du allein bist, glotzt dieses Gefühl dir im Spiegel entgegen, und du denkst: Das bin doch ich! Klein, schwach, bedeutungslos.

FAMILIE DR. KLEIST

////////

Wo die Liebe erwacht, stirbt das Ich,
der dunkle Despot.

Rumi

///// **Die uns bekannte Welt besteht aus Dualitäten.** Tag, Nacht. Hell, dunkel. Gut, böse. Liebe, Hass … Betrachten wir sie voneinander getrennt, bewegen wir uns in der Sphäre des polarisierenden Denkens, in welcher der Verstand alles bewertet, beurteilt und kategorisiert. Doch liegt in der Nacht nicht schon das Versprechen des anbrechenden Tages? Und überhaupt, was durchzieht Tag und Nacht? Gut und Böse? Ist es nicht jene Energie, die uns alle verbindet, oder mehr noch, durchdringt? *Life itself?* Diese unbeschreibliche Kraft, die Leben entstehen lässt, Sterne, die Natur, Ideale gebiert?

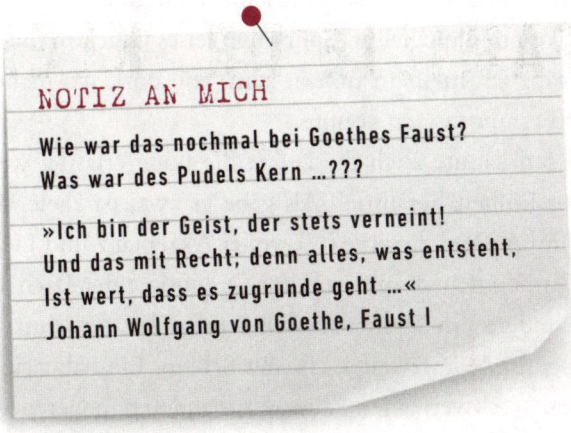

NOTIZ AN MICH

Wie war das nochmal bei Goethes Faust?
Was war des Pudels Kern …???

»Ich bin der Geist, der stets verneint!
Und das mit Recht; denn alles, was entsteht,
Ist wert, dass es zugrunde geht …«
Johann Wolfgang von Goethe, Faust I

Unser Verstand polarisiert nicht aufgrund übergeordneter Wahrheiten, sondern aus ganz eigennützigen Motiven: um unser Ego zu schützen und zu stärken. Um uns vor uns selbst und anderen gut dastehen zu lassen. Um in einer sich ständig verändernden Welt Konstanten und Verbündete zu finden. Doch tut uns das gut? Gut auf einer übergeordneten Ebene, in der nicht die höchsten Einschaltquoten, die meisten Likes zählen, sondern die menschliche Entwicklung. Es ist wichtig, dass wir lernen, vor »den Toren unseres Verstandes« Wache zu halten, wie ein Spamfilter im Computer. Denn neben dieser Sache mit dem menschlichen Ego sind wir in hohem Maße manipulierbar und lassen uns bereitwillig vor anderer Leute Karren spannen, ergreifen Partei, verfechten Meinungen, kämpfen bis aufs Blut.

RASTLOS DURCH DIE NACHT

Wenn ich mit meinem Dad in England war, in aller Früh durch die Dämmerung ging und mein Atem sich mit dem aufsteigenden Dunst über den Wiesen vermischte, dann fühlte ich mich eins mit der Welt und mir selbst. Spürte ein leises Glück in mir aufsteigen, das ganz aus meinem Innern kam, von dort, wo nichts und niemand es mir rauben konnte.

Ich kannte auch die Leere, die mich erfasste, wenn ich aus dieser Einheit herausfiel. Als gäbe es zwei parallele Welten – in mir, im Außen: die eine still, voller Akzeptanz und Liebe, in lichten Farben gemalt und von der Ordnung einer Bach'schen Fuge. Die andere ein Drama mit all seinen Zutaten: Intrigen, Neid, Missgunst, Selbstzweifel, falscher Schein. Einmal darin verstrickt, schien es schwer, einen Zugang zur anderen, helleren Welt zu finden.

Ich lebte durch meine Rollen, eroberte Figuren, Charaktere und auch manches Herz. Doch immer wieder kam ich an den Punkt, an dem ich ruhelos wurde, mich sehnte, ohne zu wissen, wonach, an Abgründen balancierte. Ich bekleckerte mich nicht mit Ruhm, was Selfcare anging. Stattdessen trieb ich mich an, immer mehr, immer schneller. Es gab Zeiten, da flog ich in aller Früh nach Venedig, um in einer leichten Familienserie mit Peter Weck zu spielen, am nächsten Tag war ich in Prag inmitten eines Kriegsfilms an der Seite von Matthias Habich, Heino Ferch und Katja Riemann,

HOTEL DES LEBENS

Wenn der letzte Vorhang gefallen ist
Und der Applaus verhallt
Kommt meist die Einsamkeit
Des Ernstes

Rastlos ziehst Du durch die Nacht
Auf der Suche nach dem Glück
Blinkende Lichter der Großstadt
Erinnern an Emotionen

Lichtschalter der Seele
Impressionen
Im Hotel des Lebens

Dein Lachen, die Sonne und Liebe
Deine Augen, Ozean der Fantasie
Und Du, Ekstase enthemmter Lust

Ich danke Dir für die Stunden
der Zärtlichkeit

Die Liebe
Ein fließender Strom
In der Sanduhr des Lebens
(Berlin, 11.10.1999)

nur um am darauffolgenden Abend in Braunschweig vor knapp tausend Zuschauerinnen und Zuschauern auf der großen Bühne zu stehen und live die Hauptrolle in Schillers »Die Verschwörung des Fiesco zu Genua« zu spielen. Oder Surabaya-Johnny von Bert Brecht zu singen und anschließend zurück nach Venedig zu eilen.

Damals hetzte ich förmlich durchs Leben. Vielleicht rannte ich ja deshalb so, damit mich mein Schatten nicht einholte … dieses ganze Gepäck aus Versagensängsten, Verlusten, Scham, Verlassenheit. Ich rannte auch in der Hoffnung, an ein Ziel zu kommen. Jemandem zu begegnen, der mich vollständig machte. Eine Frau, die in mein Inneres blickte und mich für gut befand. Die mir Sicherheit, Geborgenheit schenken wollte. Ich wünschte mir so dringend einen emotionalen Raum, in dem ich, Francis, endlich ich selbst sein konnte. Lieben durfte und geliebt wurde.

TRADITION IST NICHT DAS HALTEN DER ASCHE, SONDERN DAS WEITERGEBEN DER FLAMME.
THOMAS MORUS

—

Liebe, diese unbändige Kraft, die uns über das Einerlei des bewertenden und verurteilenden Verstandes hinaus erhebt … Sie katapultiert uns aus der Welt der Dualitäten in die Einheit, ins innere Paradies, in dem unser Bestes erblühen kann.

Liebe ist das Einzige, was sich verdoppelt, wenn man es teilt, heißt es. Gedanken, Erlebnisse, Erfahrungen, Freude. Besitz. Ideale, auch den Erfolg: Der einsamste Moment ist, wenn man all dies teilen möchte und es niemanden gibt, mit dem es möglich ist. Wenn man alles nur für sich allein hat, dann ist das in meiner Vorstellung die Hölle auf Erden.

Große Bandbreite: als »Fiesco« in Braunschweig
und im Kriegsfilm »Das Deutschlandlied« mit
Heino Ferch und Matthias Habich

Liebe aber ist die Kraft, die wirklich etwas zum Positiven verändern kann. Sie ist das Höchste. Durch sie manifestieren wir uns. Finden Eingang ins Paradies.

**OHNE GLAUBE LIEBE HOFFNUNG GIBT ES
LOGISCHERWEISE KEIN LEBEN.
DAS RESULTIERT ALLES VONEINANDER.
ÖDÖN VON HORVÁTH**

——

Und ja, den Seelenpartner zu finden, gemeinsam durchs Leben zu schreiten, zu tanzen, zu fliegen, das war für mich die Vollendung allen Seins. Und ist es auch noch. Eine Frau zu lieben heißt, sich einzuklinken in das kosmische Geschehen. Das Göttliche in ihrem Wesen zu sehen. Sie zu verwöhnen, zu berühren. Ganz in der Sinnlichkeit aufzugehen, in der Erotik anzukommen … in ihrem zärtlichen Schoß, in der Umarmung die Antwort auf die Frage aller Fragen zu finden.

Ich sagte ja schon eingangs, dass ich ein hoffnungsloser Romantiker bin …

FALL AUS DEM PARADIES

Wenn ich heute zurückblicke, erkenne ich den Druck, den ich unbewusst auf mich selbst ausgeübt habe, um eine Familie zu gründen. Ja, ich begegnete der Frau meiner Träume. Hatte das unsagbare Glück, mit ihr meine bezaubernden Kinder zu bekommen und wunderbare Jahre zu erleben, dafür bin ich ewig dankbar. Dass unsere Ehe krachend scheiterte, wollten wir beide nicht.

DER GRAL DER LIEBE

Jäh sprang das Glück hinab
Von den Zinnen des Lebens
Versunken
Im tiefen schlammigen Morast
Der Zweifel

Dunkle Schatten überziehen das Land
Vorboten der Einsamkeit
Ein Fest für Vampire

Weidwund wie ein Tier
Im Kampfe blutend
Schleppt sich die Seele

Durch das Dickicht der Gefühle
Auf der Suche nach dem Gral der Liebe
(Berlin, 15.10.1999)

Leider leben wir alle in einer Zeit und einer Kultur, die uns keinen Raum für Trauer lassen. Deshalb wischen wir sie oft weg und machen weiter, als wäre nichts gewesen. Ich bitte an dieser Stelle all jene um Vergebung, deren Gefühle ich verletzt habe, weil ich es nicht besser wusste.

Im Nachhinein weiß ich: Wenn wir aus einem Defizit heraus Beziehungen eingehen, handeln wir immer mit der Angst im Nacken, statt selbstbestimmt und frei. Getrieben von Verlassenheitsgefühlen, setzen wir immense Hoffnungen in die Liebe. Hoffnungen aber verwandeln sich in Erwartungen und Erwartungen zwangsläufig in Enttäuschungen. Oft bürden wir dem anderen auch zu viel auf.

Erkennen nicht, dass jeder sich mit unsichtbarem Gepäck in die Beziehung begibt, seelischen Schmerz mit sich schleppt. Und so nehmen Beziehungen und nicht selten das Unheil ihren Lauf.

Aus der Verlustangst heraus meiden wir Konflikte und Aussprachen, schweigen lieber in uns hinein, fahren den sprichwörtlichen Karren an die Wand.

Dabei gibt es meist schon früh Anzeichen, dass wir innehalten, reden, uns neu justieren sollten. Außenstehende haben einen Sensor dafür, wenn wir uns in eine Richtung verändern, die unserem Wesen nicht wirklich entspricht. Doch wir verlassen eher uns selbst, statt zu riskieren, dass wir von anderen verlassen werden. Die Angst ist so groß, dass wir uns eher mit Familienangehörigen und langjährigen Freunden entzweien, als innezuhalten und zu hinterfragen: Bin ich noch ich selbst? Schließe ich notwendige Kompromisse, ohne die eine Beziehung nicht existieren kann, oder bewege ich mich weg von meinen Idealen, meinen Werten und meinen Vorstellungen vom Leben selbst? Weg auch von dem Menschen, der ich war, als ich die Beziehung einging. Dem Menschen, in den die Partnerin, der Partner sich verliebt hat …

NOTIZ AN MICH SELBST
Es ist nie zu spät! Niemals zu spät, neu zu starten. Niemals zu spät, glücklich zu sein.

Damals konnte ich diese Mechanismen nicht erkennen. Doch egal, wie groß eine Liebe ist, wie tief, wie sehnsuchtsvoll: Nicht immer hält sie eine solche Bürde aus. Der Sturz aus dem Paradies war vorprogrammiert. Und ich landete hart.

IM VAKUUM

Der Kontrast zu meiner Arbeit hätte damals kaum größer sein können. Seit 2004 spielte ich Dr. Kleist, einen loyalen Internisten, der ganz in seinem Beruf aufging und den so einige Schicksalsschläge ereilten – teils, weil das Drehbuch es so verlangte, teils, weil Kolleginnen und Kollegen umbesetzt wurden oder neue hinzukamen, wie das nun mal so ist mit den Serien und ihren Heldinnen und Helden. Zwei Dinge waren typisch für die Figur: die Zeit, die er sich für seine Patienten nahm – und die Fähigkeit, Schicksalsschläge zu überstehen. Mit Ersterem füllten wir ein Vakuum in den Herzen der Menschen: Wer krank ist, wünscht sich Verständnis und Zuwendung, die Versicherung, dass alles Menschenmögliche für ihn getan wird – etwas, das Ärzte in unserem Gesundheitssystem oft rein zeitlich gar nicht mehr leisten können. Zweiteres kratzte an meinem eigenen Lebenskonzept: Von der Hoffnung, dass Liebe alle Hindernisse überwindet und die Familie ein unzerstörbares Sicherheitsnetz bietet, war auch ich nicht frei.

Serienrollen haben ihre eigenen Herausforderungen. Hat man die Figur einmal erarbeitet, gilt es, sie lebendig zu erhalten, wenn sie gut ist, kontinuierlich neuen Text zu lernen und sich zugleich in die Routine zu fügen, die zwar weniger Kreativität erfordert, aber natürlich Sicherheit verspricht. Routine klingt für kreative Köpfe wie ein schleichender Tod, doch hin und wieder ist es auch entspannend, sich auf vertraute Muster verlassen zu können. Nicht ständig neue Charaktere erschaffen zu müssen. Sicherheit hingegen ist in künstlerischen Berufen ein immenser Luxus. Doch birgt dies auch unsichtbare Fallstricke. Wie schnell gewöhnt man sich an das neue Standing! Dann kommt das schnellere Auto, statt der Dreizimmerwohnung die Villa, gedacht als Liebesnest und Familientrutzburg, in die man wegen der aufreibenden Arbeit nur noch am Wochenende zurückkehren kann. Der Dreh und die Einsamkeit der Hotelzimmer laugen einen aus, so schön es auch ist, ein großes, loyales Publikum zu unterhalten.

JENSEITS VON RICHTIG UND FALSCH LIEGT EIN ORT.
DORT TREFFEN WIR UNS.
RUMI

Serie, das heißt, von Millionen Menschen geliebt, verehrt und beneidet zu werden, während die Stille des Feierabends ein unsichtbarer Feind wird und du mit wildfremden Handlungsreisenden an der Hotelbar versumpfst … wenn du im dichten Nebel zuckender Techno-Beats die Verzweiflung wegtanzt, um die Einsamkeit nicht spüren zu müssen. Wenn du den Fernseher permanent laufen lässt, damit überhaupt jemand spricht, sobald du zurückkommst … Wenn du ganz tief drinnen eine unheimliche Leere spürst.

NOTIZ AN MICH SELBST
Frei nach Karl Valentin: Wenn ein Zug voller Fremder über eine Brücke fährt und gleichzeitig ein anderer Zug voller Fremder unter derselben Brücke durchfährt, dann sind das Fremde unter Fremden. Denn fremd ist der Fremde meist nur in der Fremde.

Endlich wieder zu Hause, prallen unterschiedliche Bedürfnisse aufeinander. Die Partnerin möchte verständlicherweise raus aus dem häuslichen Alltag, und du selbst wünschst dir nichts mehr, als endlich auf deinem eigenen Sofa zu sitzen, mit den Kindern zu spielen und einfach nur das Miteinander zu genießen. Doch statt die erhoffte Einheit zu bilden, lebt man sich schleichend auseinander und wird sich fremd.

WO DIE LIEBE WOHNT

Als meine beiden Kinder geboren wurden, spürte ich zum ersten Mal, wo die Liebe in mir wohnt: auf der Höhe des Herzens, direkt hinterm Sternum. Da war so ein Ziehen und Flirren, Aufgeregtheit, Wärme, ein Schauer wie von Tausenden Sternschnuppen. Diesen Moment, in dem mir die Hebamme die zarten Wesen reichte, so zerbrechlich und kaum größer als meine Hände, werde ich nie vergessen. Diese Wunder der Natur. Meine Kinder, von meiner Frau und mir, von Gott und der Liebe geschaffen …

Bis heute birgt die Erinnerung an die Geburt meiner Töchter unvorstellbares Glück, das ich in jeder einzelnen Zelle spüre. Die Liebe war so immens, sie ist es noch und wird es immer sein.

Damals dachte ich, ich hätte ein Viertel meines Lebens Zeit, meine Töchter aufwachsen zu sehen, sie zu beschützen, auf ihr eigenes Leben vorzubereiten. Doch es kam anders als gewünscht, anders als erhofft.

Als meine Ehe zerbrach und ich die Gartenpforte hinter mir zuzog, an jenem kalten Januarmorgen im Jahr 2017, war der Schmerz kaum auszuhalten. Allein der Gedanke, dass ich meine Kinder vielleicht schon bald nur mehr aus der Ferne lieben und sehen dürfte, war unvorstellbar. Er jagte mir Angst ein.

UND EINE FRAU ERGRIFF DAS WORT UND SAGTE:
ERZÄHLE UNS VOM SCHMERZ. UND ER ENTGEGNETE:
EUER SCHMERZ IST, WAS DIE SCHALE AUFBRICHT, DIE EUER
VERSTEHEN UMSCHLIESST ...ER IST DER BITTERE TRANK,
MIT DEM DER ARZT IN EUCH DAS KRANKE SELBST HEILT.
VERTRAUT DAHER DEM ARZT UND TRINKT SEINE
MEDIZIN STILLSCHWEIGEND UND GELASSEN.
DENN SEINE HAND, SCHWER ZWAR UND STRENG, WIRD GEFÜHRT
VON DER ZARTEN HAND DES UNSICHTBAREN.
UND DER BECHER, DEN ER REICHT, VERBRENNT EUCH WOHL
DIE LIPPEN, WURDE JEDOCH GEFORMT AUS DER TONERDE,
WELCHE DER ALLMÄCHTIGE TÖPFER MIT SEINEN
HEILIGEN TRÄNEN BEFEUCHTET HAT.
KHALIL GIBRAN

———

Nachdem ich wieder bei meiner Mom lebte, sagte ich mir in Gedanken gebetsmühlenartig vor: Das ist nicht das Ende. Das kann es nicht sein. Es gibt immer einen Weg zurück. Das wird sich wieder einrenken. Aber in einem Winkel meines Verstandes wusste ich bereits, dass das nur die sprichwörtliche Kraft der Verzweiflung war. Die Realität war eine andere. Hart schlug sie in die Kerbe meiner Verlassenheitstraumata. Ich verlor jeden Halt. Fühlte mich wie ein Ertrinkender. Und je mehr ich mich zurückkämpfen wollte, desto stärker war der Sog, der mich hinaus aufs offene Meer trug.

UNTER MÄNNERN

Die Wochen vergingen. Ich schwankte zwischen Nicht-wahr-haben-Wollen und aufbrechenden Emotionen, den ersten Phasen der Trauer. Unablässig quälten mich Fragen wie: Habe ich die Zeichen nicht erkannt? War ich zu unaufmerksam, zu sehr mit mir selbst beschäftigt? Mir war klar, dass meine Frau den Löwenanteil mit den Kindern allein trug. Und natürlich hätte ich gern in der Bavaria auf der anderen Seite der Isar gearbeitet. Aber die Realität war nun mal eine andere.

EIN FREUND IST JEMAND, DER WEISS, DASS MAN IHN GERADE BRAUCHT.
OSCAR WILDE

——

Zwei Freunde fragten mich schließlich, ob ich nicht Lust hätte, mit ihnen übers Wochenende auf die alte Berghütte in Tirol zu gehen.

Alles in mir wollte absagen. Auf der Arbeit funktionierte ich. Doch ansonsten ertrug ich niemanden um mich – mich selbst schon gar nicht und am allerwenigsten Freunde, die mich aus Mitleid in die Natur schleifen wollten. Das Telefon in der Hand, stapfte ich durch die behelfsmäßige Wohnung im Haus meiner Eltern. Als mein Blick per Zufall am Spiegel hängen blieb, schlug mir so viel Selbstmitleid entgegen, dass ich ihn hätte zertrümmern können. Ich atmete durch. Die beiden hatten recht. Ich brauchte einen Tapetenwechsel. Also sagte ich zu.

NOTIZ AN MICH

Echte Freunde, das sind die, die auch hinter meinem Rücken gut über mich sprechen.

An diesem Tag waren wir keine Helden, sondern vielmehr die Sherpas. Das kollektive Scheitern unserer Ehen wog Tonnen. Maurice, ein erfolgreicher französischer Wirtschaftsanwalt, hatte zwei Kinder aus der ersten Ehe seiner Frau adoptiert und mit ihr noch spät eine Tochter bekommen. Sie hatten viele Jahre glücklich gelebt. Er hatte seiner Frau, wie er es ausdrückte, »wie Napoleon ein ganzes Reich zu Füßen gelegt«. Doch seit fast sechs Jahren befanden sich die beiden nun schon in einem erbitterten Rechtsstreit. Ein Rosenkrieg war eine Butterfahrt gegen das, was sie sich und ihren Kindern antaten. Entsetzlich zermürbend.

Paul hatte die Scheidung bereits hinter sich. Doch auch er strauchelte. Am Morgen hatte ich ihn in seinem Junggesellendomizil abgeholt, Einzimmerapartment im Hinterhof eines schäbigen Altbaus, über einer billigen Pommesbude, die mit ranzigem Fett zu frittieren schien. Die schöne Aussicht auf den Patscherkofel hatte Paul mit dem Blick auf die schmutzigen Gebäude des Innsbrucker Industriegebiets getauscht.

NOTIZ AN MICH
Das Herz eines Löwen
Bringt dir gar nichts
Wenn du den Verstand eines Lemmings
Und den Charakter einer Ratte hast.

Mir tat die körperliche Herausforderung gut, und die Natur beschenkte uns mit großem Kino. Ein Steinadler zog schräg über uns seine Kreise, die Schwingen eine dunkle Silhouette in der tief stehenden Sonne. Ich blieb stehen und genoss den Blick auf die majestätischen Gipfel in der Ferne; auf eine gute, gesunde Art sorgten sie dafür, dass ich mich winzig fühlte im Angesicht der erhabenen Natur.

In den vergangenen Jahren hatte ich mir wenig Zeit für Männerfreundschaften genommen. Ich war leichtsinnig, ja beinahe besessen gewesen von der Idee, die Liebe über Kameradschaft zu setzen. Wollte um jeden Preis mir und vor allem meinen Eltern beweisen, dass das Konzept Familie funktioniert, wenn man es nur richtig angeht. Damals hatte ich keine Ahnung davon, dass sich mein soziales Umfeld einmal als überlebenswichtig für mich erweisen würde …

Der Wind frischte auf und biss mir in den Nacken. Ohne den Schutz des Waldes war es bitterkalt. Unwillkürlich dachte ich an mein wohlig warmes Zuhause, das gemütliche Sofa, meine Kinder, die sich an mich kuschelten. Bis ich mich selbst ertappte: Da lebte ich doch gar nicht mehr! Alles aus und vorbei!

Als wir am späten Nachmittag die Hütte erreichten, zogen wir neben Wasser auch Proviant aus den Rucksäcken. Ich war lange nicht hier oben gewesen, doch mit jedem Atemzug kamen Erinnerungen zurück. Ich ging vor die Hütte und schichtete Holzscheite für das Lagerfeuer, als mir ein Gedanke kam. Ich griff an den rechten Außengiebel und schob eine verborgene Klappe zur Seite. Grinsend griff ich hinein und zog eine volle Flasche Whisky aus dem Versteck. Das Etikett war herrlich in die Jahre gekommen, ich wischte die Spinnweben ab. Es war ein 1975er Ardbeg Supernova. Ich nahm einen Schluck, schloss die Augen und befand mich für einen Moment in den Highlands. Wunderbar.

»Du hast doch nicht etwa vor, die allein zu trinken?!«, fragte Maurice und legte eine Hand auf meine Schulter.

»Ich wollte bloß sichergehen, dass er noch trinkbar ist«, gab ich zurück. Wir mussten lachen.

Bald loderten die Flammen auf, das Holz knackte und verströmte einen harzigen Duft. Einzelne Funken lösten sich aus der Glut und schwebten empor wie Glühwürmchen in ihrem einsamen Tanz.

Das Thema Frauen war tabu, hatten wir einander versichert. Jeder von uns dreien hatte seine Verletzungen mit im Gepäck, auch wenn wir sie beharrlich voreinander verbargen. Lieber alles schweigend ertragen. Den Dunst »einsamer verletzter Wolf« verströmen und ansonsten den Kummer in sich hineinfressen, statt andere mit runterzuziehen. Typisch Mann halt.

Irgendwann brach es dann doch aus uns heraus. Die Streitereien, die gegenseitigen Verletzungen …

Paul warf einen Ast ins Feuer, zornige Funken stoben empor.

Maurice stand auf, ging zum Holzstand und packte ein paar Scheite, um sie nachzulegen.

Ein Bild drängte sich in meine Gedanken, und ich sah unsere Frauen beieinandersitzen. Sich austauschen, ihr Leid klagen. Was sie wohl sagen würden? Auch sie waren verletzt worden. Auch sie hatten ihre Wahrheit, so viel war klar.

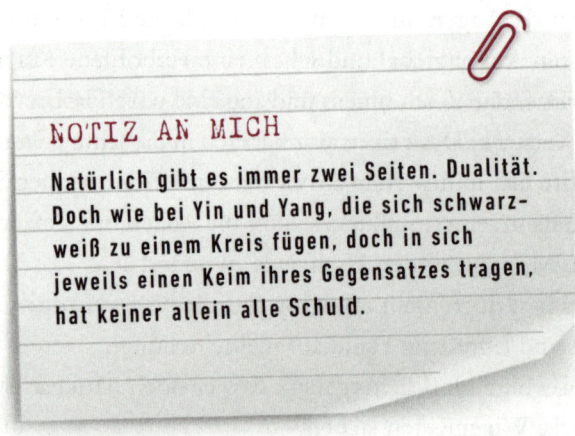

NOTIZ AN MICH

Natürlich gibt es immer zwei Seiten. Dualität. Doch wie bei Yin und Yang, die sich schwarz-weiß zu einem Kreis fügen, doch in sich jeweils einen Keim ihres Gegensatzes tragen, hat keiner allein alle Schuld.

Alle hatten einander Wunden geschlagen, das war es, was Menschen von Anbeginn an taten. Wunden, die derart klafften, dass gemeinsame Gespräche sie nicht mehr schließen konnten. Dass selbst die Liebe, die einmal da gewesen war und vielleicht sogar noch glomm, so wie die Holzscheite hier vor mir in dieser kalten Nacht, nichts mehr ausrichten konnte.

Schweigen legte sich über uns.

Die einzige Lichtquelle war das Feuer, an dem wir drei uns versammelt hatten.

… STERBEN – SCHLAFEN – SCHLAFEN! VIELLEICHT AUCH TRÄUMEN! JA, DA L I E G T 'S: WAS IN DEM SCHLAF FÜR TRÄUME KOMMEN MÖGEN … SHAKESPEARE, HAMLET, 3. AUFZUG, 1. SZENE

Ich stand auf, suchte mir einen Platz ein Stück abseits.

Drei Schritte voraus brachen die Felsen ab, ein steiniger Abhang ergoss sich ins Tal.

Ich blickte hinab in die Dunkelheit und spürte ein Ziehen hinter meinem Brustbein. Das Scheitern meiner Ehe … in diesem Augenblick fühlte es sich an, als wäre eine Vakuumbombe auf mich niedergegangen. Ich sah Bilder meiner Eltern nach ihrer Trennung. Die Verletztheit in den Augen meiner Mutter. Mein Vater, in sich zusammengesunken, implodiert.

Ich brauchte Luft, musste dringend atmen, doch das Vakuum um mich herum entzog mir jeglichen Sauerstoff. Und die Bilder liefen weiter. Jetzt sah ich mich, mit meinen sieben Jahren, spürte die Verlassenheit mit aller Wucht. Und das Bild wandelte sich, zeigte mir meine eigenen Kinder. Sieben und vier Jahre alt, so schutzlos…

Ich wollte schreien, doch auch dazu braucht man Luft.

DER FLUCH
DER KARIBIK

///////

Das Hauptproblem an einem wunderschönen
Luftschloss sind die vielen Falltüren.

Ernst Ferstl

///// **Als Schauspieler beschäftige ich mich tagein, tagaus mit Sprache.** Ihrem Klang, dem Rhythmus. Ihren Wurzeln und dem Wandel über die Jahrhunderte hinweg, der uns so viel Spannendes über die Wanderungen einzelner Völker verrät. Und da ich zweisprachig aufwuchs, fand ich es immer wieder faszinierend, wie sich Wörter germanischen Ursprungs im Englischen wiederfinden, Jahrhunderte bevor wiederum das Englische ins Deutsche Eingang fand. Und zwar in einem solchen Maße, dass erst die Werbung, dann die Film- und inzwischen sogar die Buchbranche auf englische Phrasen und Titel setzen. Um eine ganz bestimmte Energie zum Ausdruck zu bringen: einerseits *easy going & common sense,* andererseits eben die Kraft, die ein Original in sich birgt, so gut die Übersetzung auch sein mag.

Sein oder nicht sein … Es gibt ungezählte Arten, die vier berühmten Worte aus Hamlets Monolog zu sprechen, und jede hat ihre eigene Nuance, triggert eine andere Bedeutung. Das ist so großartig am Beruf des Schauspielers … diese Myriaden von Möglichkeiten, etwas und auch sich selbst auszudrücken.

LOVERS IN THE NIGHT
POETS TRYIN' TO WRITE
WE DON'T KNOW HOW TO RHYME
BUT, DAMN, WE TRY
BUT ALL I REALLY KNOW
YOU'RE WHERE I WANNA GO
THE PART OF ME THAT'S YOU WILL NEVER DIE …
LADY GAGA, »ALWAYS REMEMBER US THIS WAY«

—

Trotz meiner intensiven Auseinandersetzung mit Sprache dauerte es ein Weilchen, bis ich etwas begriff: nämlich die Macht der Vorsilbe »ver-«. Sprechen und ver-sprechen, für einen Schauspieler kann das existenziell werden, wenn ihm Letzteres häufiger passiert. Oder eben lieben und ver-lieben. Letzteres sollte für mich drei Jahre nach der Trennung von meiner Frau nicht minder existenziell werden …

LOST IN PARADISE

Der Sand wie Puderzucker, das Meer türkis und so klar, dass ich die Zeichnungen der Clownsfische sehen konnte, die kaum zwei Schritte von mir entfernt umherschwammen. Ich dachte mir noch: Wie im Film!, zog die Schnorchelbrille auf und ließ mich in das warme Wasser gleiten. Wie jedes Mal kostete ich diesen Moment der Schwerelosigkeit aus. Dann machte ich ein paar kräftige Züge und senkte den Kopf. Sonnenstrahlen brachen sich unterhalb der Wasseroberfläche. Unter mir wich der Sandboden bald ersten Korallen, das Meer war jetzt smaragdfarben.

Ich sollte endlich wieder einmal malen, schoss es mir durch den Kopf. Eine Ode in Türkis …

Die Strömung zog mich sanft Richtung Riffkante. Ich ließ mich ein Stück weit treiben, um einen Blick hinab zu riskieren. Der Anblick nahm mich aufs Neue gefangen: dieser abrupte Sturz in die Tiefe. Der Ozean leuchtete hier ultramarin. Ein ganzes Stück unter mir zog eine Gruppe Rochen vorbei, so majestätisch mit ihren rhythmisch schlagenden Schwingen.

Ich war im Paradies gelandet.

Mit kräftigen Schwimmstößen bewegte ich mich zurück aufs Riffdach. *Baja mar,* so hatten die Spanier die Inselgruppe genannt, flaches Meer. Doch seicht und ungefährlich war es hier nicht, zwischen Eleuthera und Great Abaco ging es 4300 Meter hinab in einen Unterwassercanyon. Ein unbedachter Moment, und die Strömung konnte dich erfassen und aufs offene Meer hinausziehen. Insofern waren die Bahamas das perfekte Sinnbild für mein damaliges Leben. Ein scheinbares Paradies, der Absturz in tiefste Tiefen nur einen unbedachten Moment entfernt.

Doch wie war ich überhaupt hierhergekommen?

ALL THE ANIMALS COME OUT AT NIGHT

Nachdem ich *Familie Dr. Kleist* beendet hatte, wollte ich endlich wieder atmen. Ich hatte die Agentur gewechselt und bereits erste vielversprechende Kontakte nach London, New York und L. A. geknüpft. Ich war bereit, durchzustarten, alles schien nur darauf zu warten, dass ich die Chance ergriff und durch die Tür trat, die sich gerade auftat. Doch erstens kommt es anders und zweitens als man denkt.

New York, die Stadt, die niemals schläft. Ich hatte einen satten Jetlag, saß aufrecht in dem herrlichen, typisch amerikanischen Hotelbett, gefühlt sieben Lagen Matratze unter mir. Mein Blick schweifte zum Digitalwecker. 03:02. Ich gähnte. Was die Kinder wohl machten? Ich schob den Gedanken weg, er tat weh. 03:03. Zu Hause in München war es schon kurz nach neun. Das hieß, die Kleine war im Kindergarten, bei der Großen hatte die zweite Stunde begonnen. Was hätte ich jetzt dafür gegeben, sie bei mir zu haben. Wir würden zusammen Pancakes frühstücken, mit Ahornsirup, der die Hände so schön klebrig machte und unweigerlich in den Haaren landete, auch in meinen. Dann würden wir durch den Central Park laufen, zu dem alten Karussell. Oder gleich zum Top of the Rock? Das fände meine Große bestimmt cooler, zumal sie bereits als Dreijährige mit uns im Big Apple gewesen war und zum Klang von Live-Jazz im Central Park unter übergroßen Seifenblasen getanzt hatte.

Ich überlegte. Wir könnten auch von Süd-Manhattan aus mit der Fähre nach Liberty Island fahren, dicht an der Freiheitsstatue vorbei …

Träume, nichts als Träume.

Ich wollte die beiden fest an mich drücken, mir einen Moment stehlen, die Nase in ihren Haaren vergraben, den Kinderduft atmen … 03:05, mein Blick verschwamm. Ich ließ mich nach hinten sinken, in die Berge von Kissen. Tränen rannen über meine Wangen, sickerten links und rechts in den reinweißen Bezug. Wer wohl alles schon in diese Kissen geweint hatte …

Ich riss mich zusammen. Es war nicht zum Aushalten mit mir! Den Kindern ging es gut, das wusste ich doch. Und das war das Wichtigste.

Entschlossen wischte ich mir übers Gesicht, stand auf, schlüpfte unter die Dusche und in meine Kleider. Dann zog ich los.

GEBT MIR DIE STRASSEN VON MANHATTAN!
GEBT MIR KAMERADEN UND GELIEBTE ZU TAUSENDEN!
WALT WHITMAN

━━━

Der Regenschauer, der mich bei meiner Ankunft durchnässt hatte, war einem feuchtkalten Nieselwetter gewichen. Ich schlug den Kragen hoch und lief durch die Straßen. Hoch ragten die Wolkenkratzer um mich herum auf, ich musste den Kopf tief in den

Nacken legen, um einen Blick auf den Nachthimmel zu ergattern. Gigantisch!

An jeder Ecke flammten Erinnerungen auf. Ich lief Richtung Osten, holte mir unterwegs einen Kaffee und sah schließlich auf die Queensboro Bridge, wo Woody Allen mit Diane Keaton über das Leben philosophiert hatte. Weiter ging es nach Süden durch das East Village. Hier fühlte ich mich wie Daniel Day Lewis als Bill »The Butcher« in Martin Scorseses *Gangs Of New York*. Es war euphorisierend, wieder hier zu sein.

Am Hershey's vorbei zum Times Square. Die Lichtreklamen so grell, als wollten sie die Klimaaktivisten verhöhnen.

NOTIZ AN MICH SELBST

Das Energiesparplakat war durch zehn Halogenstrahler weithin sichtbar.

Reihen gelber Taxis warteten auf die Touristen, die von Bars und Clubs ausgespien wurden, trunken von den harten Drinks, vom Flair, von all den Superlativen dieser Stadt.

Als ich den Battery Park erreichte, dämmerte es. Eine Weile stand ich da, hinter mir Ground Zero, wo heute statt der Twin Towers das 1 WTC aufragt, vor mir der Hudson. Ich kniff die Augen zusammen, konnte gerade eben die Freiheitsstatue im Dunst ausmachen. Auch sie war ein Sinnbild, die Lady Liberty.

Freiheit, ich suchte sie in jenen Monaten, nun, wo kein Zuhause mich band. Und hier, in den USA, wo ich immer schon hingewollt hatte, an den Broadway … hier entdeckte ich, dass womöglich ein anderer Lebenstraum auf mich wartete. Beruflich und, wer weiß, vielleicht auch privat.

Ich schlenderte zurück zum Hotel, am Broadway entlang, und entdeckte mein Spiegelbild in einem Schaufenster.

TRAVIS BICKLE: YOU TALKIN' TO ME?! ...
THEN WHO THE HELL ELSE ARE YOU TALKIN' TO?!!!
YOU TALKIN' TO ME? WELL, I'M THE ONLY ONE HERE ...

———

Verstohlen blickte ich mich um. »All the animals come out at night ...«, flüsterte ich wie Robert De Niro als Travis Bickle, der verstörte Vietnam-Veteran, im legendären Film *Taxi Driver*.

WALK OF FAME

Von New York ging es weiter an die Westküste. Hatte mich das pulsierende New York so wie jedes Mal gleichermaßen beeindruckt wie erschlagen, war ich in Hollywood geradezu andächtig. Liebhabern englischer Romane muss es in London oder Cornwall ganz ähnlich ergehen ... wenn jedes Straßenschild, jede Landmarke einen mit den Protagonisten verbindet und in die Handlung eines zerfledderten Buches saugt, das man schon drei-, viermal gelesen hat und von dem man immer noch nicht genug hat.

Hier, am Fuße des legendären Hollywood Sign, fühlte ich mich endlich wieder wie angekommen. Natürlich war ein Lunch im legendenumwobenen Chateau Marmont am Sunset Boulevard Pflicht und später ein Dinner im Little Door in West Hollywood. Der Feinschmecker in mir geriet ins Schwärmen angesichts der Kompositionen, die hier aufgetischt wurden.

Als ich meinen Idolen am Walk of Fame einen Besuch abstattete, packte mich Nostalgie. All die Stunden, die ich als Kind im Kino verbracht hatte … In meinem Gedächtnis bewahrte ich Hunderte von Filmschnipseln auf, sorgsam gesammelt, und spulte sie nun vor meinem inneren Auge ab. Marlon Brando als der *Pate*. Laurence Olivier in *Der Marathon-Mann*. Peter O'Toole in *Lawrence von Arabien*. Ich hätte Stunden hier umherstreifen können, doch irgendwann siegte die Müdigkeit.

Einmal Hollywood-Luft schnuppern:
bei den Golden Globe Awards 2019

Mir blieb noch ein wenig Zeit bis zu meinem nächsten Termin, und so mietete ich mir am folgenden Tag ein Chrysler Stratus Cabrio und schlängelte mich den Hügel hinab zur Küste, auf den legendären Highway 101.

Von L. A. ging es nach Norden, Richtung San Francisco. Der Fahrtwind zerrte an meinem Haar, während ich mich lässig zurücklehnte. Zur Rechten breitete sich die karge Landschaft Kaliforniens aus, die anhaltende Dürre hatte der Flora ihren Reichtum geraubt. Zur Linken aber erstreckte sich der dunkelblaue Pazifik bis zum Horizont.

Als die Sonne unterging, hielt ich in einer Parkbucht und kletterte über die Begrenzung. Es war schon fast kitschig, dieses Gold, das mich umflutete. Doch ich war wie in einem Rausch.

Nach Einbruch der Dunkelheit erreichte ich den Fuß der Golden Gate Bridge, fuhr irgendwann das kleine Stück weiter zu den Piers mit ihren schlafenden Seelöwen. Lange hielt es mich nicht dort, mich beschlich ein mulmiges Gefühl. Die Stadt schien ein Doppelleben zu führen. Seit die Obdachlosen aus den Städten verwiesen worden waren, fristeten viele von ihnen ein geheimes Dasein in den Schatten. Jetzt, im Dunkeln, bewegten sie sich vorsichtig aus den Kellereingängen, immer die Angst im Nacken, den Hunger im Bauch. In Los Angeles war ich fixiert auf Hollywood gewesen, doch ich hatte sie durchaus gesehen, die unwürdigen Zeltstädte, das ganze Elend. Und direkt daneben ein wahnwitziger Reichtum, wie ein schlechter, menschenverachtender Witz.

Der wahre Reichtum Amerikas, das waren für mich nicht die protzigen Villen des Jet Set und der milliardenschweren Firmenchefs, der war für mich die Natur. Als ich nach drei Stunden Schlaf weiter nach Norden fuhr, vorbei an Bodega Bay, wo Hitchcocks legendäre *Vögel* gedreht worden waren, und mich dann Richtung Nordwesten hielt, entdeckte ich sie: die Redwoods.

Wenn der Wald eine riesige Kathedrale bildet, die altehrwürdigen Stämme wie Säulen in den Himmel ragen und die Kronen sich fast hundert Meter über dir zu einem Dach vereinen … Wenn die Luft nach dem Harz der Segovien duftet und ihre Nadeln unter deinen Füßen knacken … dann bist du in den Wäldern Nordkaliforniens angelangt. Jahrhundertealte Baumriesen, die schon hier standen, als nicht mal Erik der Rote existiert hatte, um Amerika zu entdecken …

Wie es hier ausgesehen haben mochte, als die mächtigen Stämme noch biegsam gewesen waren? Ich versuchte mir auszumalen, wie die Menschen damals an diesem Ort gelebt hatten.

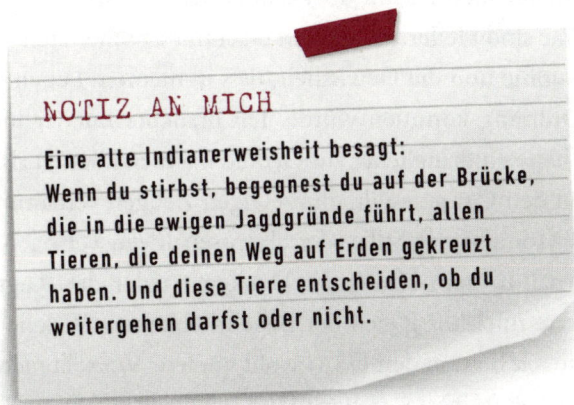

NOTIZ AN MICH

Eine alte Indianerweisheit besagt:
Wenn du stirbst, begegnest du auf der Brücke, die in die ewigen Jagdgründe führt, allen Tieren, die deinen Weg auf Erden gekreuzt haben. Und diese Tiere entscheiden, ob du weitergehen darfst oder nicht.

Als Kind und später als Jugendlicher hatten mich die Erzählungen über die verschiedenen Stämme der Ureinwohner in den Bann gezogen, Die Apachen, die Sioux, Hopi, Cherokee, Black Feet, Crow, Navajos und die vielen anderen. Alle hatten mit der Natur und ihrem Rhythmus gelebt. Wie reich die Welt von Sitting Bull und Crazy Horse damals gewesen sein musste! Reich an Wundern der Natur … Die endlosen Herden der Tatankas, der amerikanischen Bisons. Dazu der Wind, der über die Savannen bis in die ewigen Jagdgründe wehte. Ihr größter Sieg drüben in Montana, am Little Bighorn, und die letzte Niederlage am Wounded Knee … alles lag gefühlt ganz dicht beieinander.

Das Law of Nature, Leben und Tod, sichtbare und unsichtbare Welt: Alles war hier, unter den Redwoods, so präsent. Es sind eine Menge Weisheiten, die wir Menschen aus der Beobachtung der Natur ziehen können.

Ich atmete die würzige Luft tief ein, legte die Hände auf die Rinde eines gewaltigen Mammutbaums und wünschte mir, in der Zeit reisen zu können. Für einen verrückten Moment war es beinahe so, als ob unsere alte Eiche durch den Redwood wispern würde. Ein Schauer lief mir über den Rücken.

Bäume sind Heiler. An diesem Nachmittag schenkten sie mir tiefe Harmonie und die Gewissheit, dass in meinem Leben schon alles in Ordnung kommen würde. Ich brauchte nur Geduld … Und wer hätte eindringlicher zur Geduld mahnen können als diese Bäume, an den Ort gefesselt, zum ewigen Zeugen verdammt.

Der Moment der Stille, der abstrusen Ideen verstrich, und bald übernahm mein lärmendes Denken wieder die Regie. Es katapultierte mich ins Reich der Begehrlichkeiten. Welche Rollen konnte ich hier, in den USA, wohl spielen? Wo sollte ich vorfühlen, wen als Nächstes treffen? Und wie ließe sich mein Leben hier mit dem Zentrum meiner Existenz verbinden, meinen Kindern? Verlässlich wie ein Uhrwerk drehten sich meine Gedanken um eine nicht existente Zukunft und ließen mich die Gegenwart vergessen, diese letzten Augenblicke hier auf geheiligtem Boden.

Ich stieg in den Wagen, bekam gar nicht mit, wie ich Nordkalifornien hinter mir ließ, vorbei an den Wunden der Klimakatastrophe und Klimaveränderungen, die einander befeuerten und Wälder und Leben zerstörten.

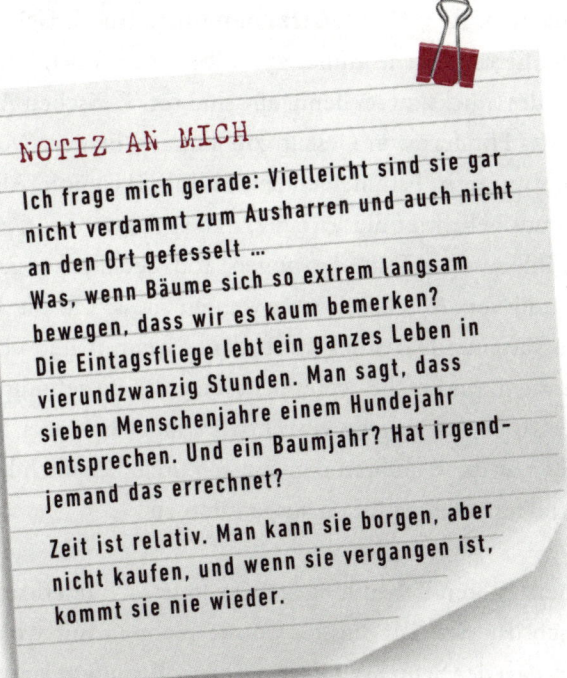

NOTIZ AN MICH

Ich frage mich gerade: Vielleicht sind sie gar nicht verdammt zum Ausharren und auch nicht an den Ort gefesselt …
Was, wenn Bäume sich so extrem langsam bewegen, dass wir es kaum bemerken? Die Eintagsfliege lebt ein ganzes Leben in vierundzwanzig Stunden. Man sagt, dass sieben Menschenjahre einem Hundejahr entsprechen. Und ein Baumjahr? Hat irgend-jemand das errechnet?

Zeit ist relativ. Man kann sie borgen, aber nicht kaufen, und wenn sie vergangen ist, kommt sie nie wieder.

Viva Las Vegas! Meine Ideen sprudelten, meine Fantasie schickte mich in die Studios, und mein Herz sang, denn ja, ich hatte Erfolg, und wichtiger noch: Ich war verliebt.

Ver-, da war sie wieder, diese ver-maledeite Silbe, die mir den Kopf ver-drehte, mich halb ver-rückt machte und mich auch dann noch antrieb, als ich mich selbst ver-ließ.

WIE DER NORDWIND DEN GARTEN VERWÜSTET …

Auf der Bühne und vor der Kamera kannte ich mich aus mit Liebesgeschichten, da war das Strickmuster denkbar einfach: A liebt C, und C liebt A, nicht immer zur selben Zeit, doch zuverlässig am Ende des Stücks, es sei denn, alle sind tot. Zwischen A und C steht B, das Hindernis in Gestalt von anderen Frauen, Männern, Schwiegermüttern, Familienfehden, Politik, Religion. Als Variation überaus beliebt ist die Variante, dass C A zwar liebt, aber seinen Gefühlen wegen B (Verletzungen, Tod, Seuchen) abgeschworen hat und von A erst geläutert werden muss. Ob die Urform oder die Variante: Das Stück endet dann, wenn A und C zusammenkommen, und nicht, wenn der Alltag die Beziehung zersetzt oder die große Langeweile einkehrt, Privatjet hin oder her. Das jedenfalls war die Bandbreite, in der ich mich beruflich bewegte, die Charakterrollen natürlich ausgenommen.

In meinem echten Leben hingegen stellte es sich überhaupt nicht so einfach dar. Seit ich wusste, wo die Liebe in mir wohnt, war mir klar, dass der Schmerz hinter meinem Brustbein keine physische Ursache hatte. Es stach immer dann, wenn ich meine Kinder vermisste. Und natürlich konnte ich meine Ex-Frau nicht auf die Mutterrolle reduzieren: Ich hatte sie sehr geliebt. Während wir uns in den Wirrnissen der Scheidung verstrickten, spürte ich es manchmal nicht mehr, aber im Grunde wusste ich ja, dass da einmal ein großes Gefühl gewesen war.

Vielleicht hätte ich mir noch mehr Zeit nehmen sollen, um zu trauern. Doch wir Menschen meiden für gewöhnlich den Schmerz. Wird das Auge trocken, blinzeln wir; schläft das Bein ein, bewegen wir es. Und tut das Herz weh, dann hoffen wir auf einen Menschen, der den Schmerz wegküsst, so wie Hermine es bei mir getan hatte, damals, als ich sieben gewesen war und sie all meine Blessuren mit ihren weichen Lippen weggezaubert hatte.

NOTIZ AN MICH

Zu wissen, wann man loslassen soll, ist Weisheit.
Es auch zu tun, ist Mut.
Und wenn man dabei den Kopf oben hält, Würde.

Inzwischen hatte ich begriffen, dass meine Ehe, mein Traum von der heilen Familie der Vergangenheit angehörten. Wenn wir an dem Punkt angelangen, an dem wir erkennen, dass es nicht in unserer Macht liegt, etwas zu ändern, dann kommt Bewegung auf, und Veränderung kann stattfinden.

WENN DIE LIEBE EUCH LOCKT, SO FOLGT IHR,
AUCH WENN IHRE WEGE BESCHWERLICH UND STEIL SIND.
UND WENN IHRE FITTICHE EUCH UMFANGEN, SO GEBT IHR NACH,
AUCH WENN DAS UNTER DEN FEDERN VERBORGENE SCHWERT
EUCH VERWUNDET.
UND WENN SIE ZU EUCH SPRICHT, SO GLAUBT AN SIE,
AUCH WENN IHRE STIMME EURE TRÄUME ZERSCHMETTERT,
GLEICH WIE DER NORDWIND DEN GARTEN VERWÜSTET ...
KHALIL GIBRAN, *DER PROPHET*

———

Vielleicht heilen wir. Vielleicht aber stürzen wir uns ins Leben, in der Hoffnung, dieses schwarze Loch in uns zu füllen. Weil wir nicht nach innen gucken wollen, um die inneren Quälgeister ins Licht zu zerren und alte Verletzungen aufzulösen. Weil uns das Vertrauen fehlt, dass die Wunde eines Tages von selbst heilen wird. Oder weil wir glauben, den Schmerz nicht aushalten zu können, wenn wir uns seiner bewusst werden.

Ob wir an einen Gott glauben, an die Physik, die Kraft des Universums oder des Lebens an sich: Wir sind alle Energie.

MÖCHTEST DU DIE GEHEIMNISSE DES UNIVERSUMS ERFAHREN, DENKE IN DEN BEGRIFFEN ENERGIE, FREQUENZ UND VIBRATION.
NIKOLA TESLA

━━

Wenn wir unsere Achtsamkeit schulen, können wir den Geist so schärfen, dass wir die Elemente und später auch die Subelemente in uns wahrnehmen, bis zu den allerkleinsten Teilchen, aus denen sich unsere Zellen zusammensetzen. Nennen wir sie Sternenstaub, Ursprungsenergie, wie die Buddhisten, oder einfach das Göttliche in uns.

NOTIZ AN MICH
Unsere Samen sind die Kinder.
In ihnen und durch sie
leben wir ewig.

Namasté heißt der altindische Gruß, ich verbeuge mich vor dir. In seiner tiefen Bedeutung meint er: Ich verbeuge mich vor dem

Göttlichen in dir. Wie sähe unsere Welt wohl aus, wenn wir in jedem fühlenden Wesen das Göttliche sehen könnten, den gemeinsamen Ursprung?

Wenn wir lieben, dann spüren wir es so klar ... das Göttliche in unserem Gegenüber und auch in uns. Und wenn wir verschmelzen, emotional, sexuell, gedanklich, finden wir wieder zu dieser Ureinheit, nach der wir uns alle zurücksehnen.

Wobei, vielleicht ist dieses »Zurück« in all dem Sehnen ja der Punkt, an dem wir achtsam sein sollten. Auf der Suche nach der allumfassenden Liebe ist nicht die Regression der Weg, nicht das Sichhineinbegeben in die Symbiose, wie sie im Mutterleib oder gar im Urzustand der Schöpfung einst herrschte. Das Universum, in dem wir leben, dreht sich in eine Richtung, und auch wir müssen der Bewegung folgen, wenn wir uns weiterentwickeln wollen, synchron mit dem Leben rings um uns herum.

Wir alle unterliegen den Naturgesetzen, der Vergänglichkeit, »Jede Blüte welkt«, wie Hermann Hesse es in seinen »Stufen« in Worte fasste, die er ursprünglich »Transzendieren« nannte. Doch während der Körper welkt, blüht der Geist, wirft Samen ab, die eines Tages keimen werden, auf einer weiteren Stufe, und immer so fort.

Falls man denn mal reifen würde, auch dies eine Notiz an mich.

Ein Teil von mir wünschte sich manchmal ganz einfach zurück, in mein Kinderbett in Ismaning, Foxi fest an mich gedrückt. Dieser Teil wartete noch immer auf den Springteufel, der aus der Schachtel ganz hinten in der Ecke hüpfte und schrie: Alles nur ein böser Traum! Alles nur ein böser Traum!

Doch ich bekam die Harmonie nicht zurück, die mich vor der Trennung meiner Eltern zu Hause umgeben hatte. Ich bekam Hermine nicht zurück, konnte das Internat nicht ungeschehen machen, ich musste, ich wollte nach vorn schauen, einer neuen Liebe eine Chance geben.

INSEL DER WINDE

Fahr über die Insel der Winde
Hab Dich im Ohr im Herz
und überall und träume
von jedem Augenblick
wenn sich wie von selbst
das Salz auf unsrer Haut
ganz zärtlich küsst verschmilzt
in wildem Sturm

Dieses Mal wollte ich alles richtig machen. Ich hypte meine Partnerin und uns als Paar. Die Wohnung am South Beach, die Abstecher nach Vegas, Orlando, Leben auf den Bahamas. Schwimmen mit den Schweinen vor Hog Island. Die Yacht mit dem Superluxus-Doppelsitz am Bug, den man per Knopfdruck vier Meter in die Höhe fahren konnte, um den Anblick des Meeres noch zu toppen. Das Leben war ein Traum, die Brille rosarot, und ich hielt fest fest fest …

Meine ersten Seminare bei Tony Robbins waren wie eine Offenbarung, mein Coming-out im spirituellen Bereich. Was er zu sagen hatte, packte mich: über die Persönlichkeitsstruktur, die Blockaden, die verinnerlichten Programme, die uns hindern, unser Potenzial auszuschöpfen und einen Sprung in unserer Entwicklung zu tun. Raus aus dem Drama, in dem sich die Dinge immer wiederholen, und rein in die großartigen Möglichkeiten, die sich auftun, wenn wir frei sind von der Vergangenheit.

Und dann der Event, den er veranstaltete! Die Teilnehmer waren eine bunte Mischung aus Reichen und Superreichen, dazwischen Start-up-Gründer und normale Leute wie ich. Man war nicht gezwungen, über Stunden hinweg still zu sitzen, etwas, das ich noch nie gut hinbekommen hatte, sondern konnte umherlaufen, netzwerken auf allen Ebenen, sogar Trampolin springen, wenn die Energie rausmusste.

Kernstück waren die einzelnen Meditationen. Dankbarkeit war ein zentrales Element. Jeder suchte sich vierunddreißig Kleinigkeiten heraus, für die er an diesem Tag dankbar sein durfte, oder auch nur drei. Darauf folgten größere Punkte, pro Woche, pro Monat, pro Jahr.

Der Fokus auf Dankbarkeit machte etwas mit mir. Es war, als wäre ein zweiter Scheinwerfer angegangen. Der erste, der Verfolger, war permanent auf das gerichtet, was nicht funktionierte, was wehtat, was vergangen und nicht zu ändern war – das ganze Paket Misere eben. Im Licht der Dankbarkeit aber erstrahlten all die Momente, in denen ich Glück gehabt hatte. Meine Kinder, meine Eltern. Mein erstes Engagement. Die Chancen, Rollen zu spielen, mich auszudrücken. Die Freunde, die Reisen, die Liebe. Und so viel mehr.

Und als ich all das tief in mich hineinnahm, verdichtete es sich. Ich spürte ein stilleres und ungleich tieferes Glück: atmen zu können, leben, erleben zu dürfen.

Als meine damalige Partnerin und ich die Spiritualität ins Leben einluden, fühlte ich mich endgültig auf der sicheren Seite. So als wäre diese das Fleißbildchen, mit dem ich mich beim Schicksal Liebkind machen könnte.

Wer kennt nicht das Staunen, wenn hochspirituelle Menschen schwer krank werden, ihre Arbeit den Bach runtergeht, ihre Beziehungen zerbrechen.

Aber du meditierst doch?, heißt es dann.

Definitiv.

Aber in diesem Leben, da gibt es keine Garantie.

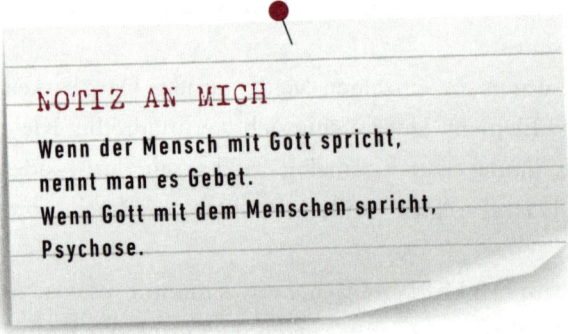

NOTIZ AN MICH

Wenn der Mensch mit Gott spricht,
nennt man es Gebet.
Wenn Gott mit dem Menschen spricht,
Psychose.

APOKALYPSE NOW

Wenn energetisch etwas nicht stimmt, kann man es ignorieren, negieren, mit aller Kraft unterdrücken. Und ich hatte eine Menge Kraft. Ich wollte mit all meiner Liebe, all meiner Macht ein Zuhause. Eine große Familie, den sicheren Hafen, das stille und bisweilen auch lärmende Glück.

Aber was wir in uns unterdrücken, sucht sich immer seinen Weg an die Oberfläche, das wusste ich ja schon. Eigentlich.

Ich führte damals eine Fernbeziehung. Zehn Tage Dreh in Deutschland, ein paar Tage Paradies auf den Bahamas oder in den USA. Fernbeziehungen können berauschend sein: Jedes Wieder-

MIAMI, TIEF IN DER NACHT

Zwölf Noten braucht es in der Musik. C, D, E,
F, G, A und B, das sind die Hits, der Funpart.
Aber das Leben - das Salz, der Pfeffer und der
Champagner - findet in den Halbtönen statt.
Ich bin sicherlich vom Leben mindestens zwölf-
mal darauf hingewiesen worden, dass es nicht
rund läuft ... dass es mehr braucht, ein Hit
zu werden. Der Durchbruch findet nicht in den
großen, sondern den kleinen Schritten statt.
Das wünscht man sich. Erlösung häppchenweise,
als Petit four ... Aber es funktioniert eben
anders. Du glaubst, du bist noch bei der
Consommé, und plötzlich geht der Feueralarm
los. Du wirst nicht vor die Tür gesetzt,
sondern in den Ozean geworfen, und das Meer
ruft dir zu: Schwimm! Und plötzlich, ohne dass
du es planst, landest du im Auge des Hurrikans
und siehst alles zum ersten Mal glasklar.
Mitten in einer Meditation von Preethaji über-
rollte mich die Erkenntnis wie ein Tsunami in
einer ersten Welle. Aber nicht die Welle ist
das Problem, sondern der Ozean, der mit ihr und
dann hinterherkommt. Gewaltig und gleichzeitig
schlicht. Klar. Konsequent.
Wenn du dich einmal entschlossen hast, die Tür
zur Spiritualität zu öffnen und mit dem Universum, Gott, den spirituellen Helfern, Erzengeln
und Engeln zu sprechen, dann kannst du nicht
einfach auflegen und sagen: Sorry, ich hab mich
verwählt.

sehen kommt einem Event gleich. Und jeder Abschied ist mit süßem Schmerz versetzt, gerade so viel, dass er die Sehnsucht nährt und einen durch die nächsten zehn Tage Dreh trägt. Der Alltag mit seinen oft ernüchternden Momenten fällt meist aus, Unstimmigkeiten kehrt man unter den Teppich, denn man möchte die wenige Zeit zusammen ja genießen. Die Illusion, das ver- in verliebt, schwebt in schillernden Blasen um einen herum, und die Realität, die diese Blasen verlässlich zum Platzen bringen wird, reibt sich schon die Hände.

Und was damals, im Spätherbst 2019, keiner voraussehen wollte: Diese Realität hatte einen echten Joker im Gepäck. Winzig, kleiner als mikroskopisch klein. Das Coronavirus.

Ich tausche mich gern mit jungen Menschen aus, finde den Dialog zwischen den Generationen immens wichtig für unsere Gesellschaft. Doch in manchen Belangen spüre ich, dass ich noch »Old School« bin. Ich bin ohne Computer, ohne Internet, ohne Handy aufgewachsen. Als Kind bin ich auf Bäume geklettert, durch die Wiesen gestromert und habe Bücher verschlungen. Wenn ich etwas wissen wollte, konnte ich Oma, Opa und meine Eltern fragen oder in der Bibliothek meines Dads stöbern. Später, im Internat, waren Computer noch Nebensache. Und als ich mich fürs Vorsprechen an diversen Schauspielschulen bewarb, gingen mein Dad und ich zum Postamt in Schwabing, um in den gelben Telefonbüchern, die dort auslagen, nach deutschlandweiten, österreichischen und Schweizer Adressen zu suchen. Die eng bedruckten Seiten verströmten einen bleiernen Geruch, und unsere Finger waren nach einer Stunde des gemeinsamen Suchens voller Druckerschwärze. Die Bewerbungen nach Wien, Berlin, München und in andere Städte gingen per Brief raus, mit der Schreibmaschine getippt, von Hand unterschrieben.

Später dann, an der Schauspielschule, waren die aufkommenden Personal Computer – schwarze oder beigefarbene Riesenkästen – für mich ohne jede Bedeutung. Ich beobachtete die Menschen in den Straßen, ihre Gesten, ihre Mimik, rief Gefühle in mir wach, um sie zu verankern. Wenn wir einen Dialog erarbeiteten, setzten wir uns Rücken an Rücken, um uns zu spüren, den Atem zu synchronisieren, die Schwingungen. All das für eine einzige Rolle … für die Illusion der Wirklichkeit, um Geschichten rüberzubringen, Geschichten voller Humor und Intrigen, voller Liebe.

Und jetzt? Jetzt war Corona. Zu einem Zeitpunkt, wo es mir um *alles* ging – Liebe, Beziehung, Zukunft –, blieb plötzlich nur FaceTime. Die Stimme verfremdet, die Mimik verzerrt, der Duft des anderen Menschen bloß in der Erinnerung präsent. Die Wärme fehlte und auch die Möglichkeit, all die kleinen Anzeichen zu erkennen, die mir unmissverständlich sagten, ob mein Gegenüber mich noch liebte oder sich längst heimlich verabschiedet, aus meinem Leben geschlichen hatte.

> **NOTIZ AN MICH**
> Wir können uns für die Liebe entscheiden oder das Geld.
> Das eine macht glücklich, das andere nicht.
> Und: Geld verdirbt nicht den Charakter, es verstärkt ihn …

Die Welt krankte, meine Beziehung krankte. Erstere war mir in diesem Augenblick egal, so verzweifelt, wie ich war. Es hatte sich doch alles richtig angefühlt! Ich hatte mich verletzlich gemacht, mich zunehmend geöffnet. Spiritualität, Abenteuer, Stabilität …

das hatte uns doch verbunden, oder etwa nicht? War ich taub gewesen für die Wünsche, Anforderungen, Erwartungen? In diesem Gefühlschaos wollte ich nur eines: über den Großen Teich fliegen, meine Partnerin in die Arme schließen, unsere Liebe retten. Doch mit einem Mal war das nicht mehr möglich. Was, wenn es wirklich zum Lockdown käme? Wenn ich nicht zurückfliegen könnte nach Deutschland, wo die Kinder waren, meine Eltern, die Arbeit?

Es war eine paradoxe Zeit. Menschen in unglücklichen Partnerschaften waren gezwungen, aufeinanderzuhocken. Von häuslicher Gewalt und Missbrauch ganz zu schweigen. Andere konnten einander nicht sehen, weil sie nicht zum selben Haushalt gehörten, zwei Häuserblocks oder Ozeane voneinander entfernt lebten. Immer mehr Flüge wurden storniert, immer mehr Fluchtwege der Liebe gekappt.

Und schließlich starb auch meine letzte Hoffnung, mitten in einem kurzen, banalen FaceTime-Gespräch. Eine Ohnmacht hatte die Welt erfasst, und sie kroch auch unter unsere Haut und raubte uns den Mut, für die Beziehung zu kämpfen. Unsicherheit und Angst sind, zumal wenn sie kollektiv empfunden werden, ebenso tückisch wie zerstörerisch.

Es zerriss mich innerlich, nicht wirklich Abschied nehmen zu können, in einer letzten Umarmung, Gesicht an Gesicht, Tränen auf den Wangen, die sich vermischen. Die Gewissheit zu spüren, man hat geliebt, wurde geliebt. Einander ein letztes Mal festzuhalten, um irgendwann in Liebe loslassen zu können …

In der Nacht nach dem unseligen Gespräch lag ich lange wach, fassungslos, dass meine Liebe abermals gescheitert war.

Als ich am nächsten Morgen aufwachte, schien die Welt für einen Moment noch in Ordnung zu sein. Diese geschützten

Sekunden, die sich unaufhaltsam in der Sanduhr des Gewöhnlichen verlieren. Wenn die Augen noch geschlossen sind, man eins mit sich und der Welt ist – bis das Drama einen mit aller Macht einholt.

Ich spürte ein heftiges Stechen hinter dem Brustbein, ähnlich wie damals, als meine allererste Liebe mich verlassen hatte, doch potenziert durch alles, was bisher gewesen war.

Abrupt stand ich auf, öffnete die Dachterrassentür. Draußen war es unnatürlich still, die Straßen tief unter mir menschenleer. Aus der Ferne drang ein Geräusch herauf, ich beugte mich vor, während sich der kalte Regen in meinen Haaren verfing. Ein Feuerwehrauto näherte sich wie in Zeitlupe, daraus tönte blechern eine Durchsage: »Liebe Mitbürgerinnen und Mitbürger, derzeit gelten strenge Ausgangsbeschränkungen. Bleiben Sie zu Hause. Der Gang zur Arbeit, zum Arzt oder zum Lebensmitteleinkauf ist weiterhin möglich. Zuwiderhandlungen werden hart bestraft.«

Ungläubig starrte ich ins Leere.

Willkommen im Lockdown.

SO WEIT DIE
FÜSSE TRAGEN

////////

Man kann ohne Liebe Holz hacken,
Ziegel formen, Eisen schmieden. Aber man kann
nicht ohne Liebe mit Menschen umgehen.

Leo Tolstoi

///// **Es liegt ein gewisser Trost in physikalischen Bezeichnungen.** Die Strecke, die ein Körper im freien Fall zurücklegt, wird als Fallhöhe definiert.

Ungleich emotionaler ist der übertragene Wortsinn. Fallhöhe, das war auch, als Luzifer aus dem Himmel verbannt wurde. Als Seth seinen Bruder Osiris tötete. Als das Land der Dichter und Denker der Barbarei anheimfiel.

Das Drama gebraucht den Begriff der Fallhöhe seit der Antike, lebt es doch von der Achterbahn der Gefühle. Aristoteles empfahl, die tragischen Helden möglichst im Bereich der Götter oder Könige und nicht unter dem gemeinen Volk anzusiedeln: Dann nämlich war der Fall aus höchsten Höhen umso tiefer, der Aufprall umso zerschmetternder, der moralische Appell umso eindrucksvoller. Und das Vergnügen des Publikums umso größer. Geschichten von normalen Leuten hingegen, so Aristoteles, sollten wenn, dann in Komödien thematisiert werden: Denen ging es eh schon schlecht, die konnten ja nicht so tief fallen. Fürs Drama ungeeignet.

Ich hatte bereits einige Erfahrungen mit dramatischen, ja, mit in höchstem Maße verwerflichen Charakteren und deren Fallhöhe gemacht. Wie zum Beispiel mit Hermann Göring, einstmals der höchst dekorierte Flieger im Ersten Weltkrieg, der sich Hitlers barbarischem Verbrecherregime anschloss, erschreckende Thesen entwickelte und dem zu Recht am Ende der kurze Prozess gemacht wurde, bevor er sich selbst das Leben nahm. Jedoch war auch er ein liebender Vater und fürsorglicher Ehemann. Der Horror entsteht letztlich durch die Banalität des Bösen. Die Architektur des Schreckens. Macbeth, Richard III., Nero, Caligula, Stalin, Hitler und wie sie alle hießen.

Dem göttlichen Funken in mir zum Trotz wäre ich nach Aristoteles' Maßstäben als Bürgerlicher nur komödientauglich ge-

Auf Tuchfühlung mit dem Bösen: Hauptrolle
im Doku-Drama »Der gute Göring«

wesen. Doch als ich Knall auf Fall aus Monaten voller Superlative in den Lockdown stürzte, ging es sehr tief hinab. Ich geriet in einen Abwärtssog und hatte keine Ahnung, wie ich mich daraus befreien sollte. Hilflos ruderte ich umher. Und dann fehlte mir selbst dazu die Energie.

Das Herz noch sehr verletzt
Den tiefen Fall so unterschätzt
durch stehen gebliebene Zeit

Verfolgt von Schatten der Vergangenheit ... Wenn man zu kämpfen aufhört, wird es gefährlich. Der tiefste Instinkt ist zu überleben. Wer aufgibt, hat verloren. Aufgeben wollte ich nicht. Ich wollte nur raus aus diesem Schmerzzustand. Doch ich hatte keine Ahnung, wie.

LOCKDOWN, DER ERSTE

Der Lockdown traf mich, wie vermutlich uns alle, wie ein Fallbeil. Zunächst begann es für die Systemirrelevanten und Gesunden recht easy. Herrlich, dachte man sich, endlich mal nicht arbeiten müssen, statt lästiger Treffen ein bisschen Homeoffice machen. Zeit für einen Spaziergang haben ... Doch die Welt draußen war feindlich geworden. Die Bilder aus Italien und den USA mit Lastwagen voller Toter waren omnipräsent. Keiner konnte das Virus wirklich einschätzen, wie auch, in den ersten Wochen wurden die Verstorbenen ja nicht mal obduziert.

Ich hatte in dieser Zeit keinen physischen Kontakt zu meinen Kindern, meinen Eltern, Nachbarn und Freunden, denn alle waren zutiefst verunsichert, inklusive mir selbst. Also war ich faktisch allein.

Zunächst klappte es recht gut mit der Beschäftigung. Ich entdeckte die Großartigkeit von Netflix, las einen Stapel Bücher aus meinem Regal noch einmal, telefonierte mit alten Freunden, die ich viel zu lange vernachlässigt hatte. Ich fragte mich, wie es wohl meinen Kollegen und Kolleginnen ergehen mochte. Ein ganzer Berufszweig war quasi über Nacht kaltgestellt worden. Das Schauspiel, die Musik, selbst die Kunst. Das Land der Dichter und Denker hatte sich selbst Hirn und Zunge herausgeschnitten, den Spiegel zerschmettert. Wie lange mochte dieser Zustand dauern? Drei Wochen? Oder am Ende noch länger?

Irgendwann fühlte sich mein Leben schal an, selbst der siebenunddreißigste Blockbuster konnte meine Einsamkeit nicht überdecken. Nicht einmal Vögel schienen sich auf meine Terrasse zu verirren.

DIE WELT IST KLANG

Stille, immer hatte ich sie geliebt. Nachts, auf einer Berghütte, wenn die Eule lautlos von Baum zu Baum schwebte. Wenn hier und da ein Rascheln den Fuchs verriet. Wenn die Milchstraße fast zum Greifen nah war und auch sie einen Klang zu haben schien.

Unsere Erde schwingt, die Sterne, die Planeten, jede Zelle, das ganze Universum. Alles ist Klang.

Selbst unbelebte Objekte wie leere Wände, Möbel, Deko, sie alle reflektieren Schallwellen. Auch die Stille hat einen Klang.

Jetzt aber, in der Abgeschiedenheit des Lockdowns, kam es mir so vor, als wäre die Welt eine schalldichte Kammer. Genau so fühlte sie sich an, diese Abwesenheit von sensorischen Reizen. Wir

Kreativen sind Schaffenskünstler, wir bauen aus allem etwas zusammen.

> JEDER MENSCH IST MUSIK – EWIGE MUSIK –
> TAG UND NACHT ERKLINGEND. INTUITIVE WESEN KÖNNEN
> DIESE MUSIK HÖREN. AUS DIESEM GRUNDE GIBT ES MENSCHEN,
> DIE DICH ABSTOSSEN, UND ANDERE, DIE DICH ANZIEHEN.
> WAS DICH IN WIRKLICHKEIT ABSTÖSST UND ANZIEHT,
> IST DIE MUSIK, DIE IN EINEM MENSCHEN SCHWINGT.
> JOACHIM-ERNST BERENDT, *NADA BRAHMA*

Es ist ja nicht so, dass wir das Rad neu erfinden, sondern die Reize der Außen- wie der Innenwelt füttern den humanen Computer, das Gehirn, welches noch ein Quäntchen Wissen, Erfahrung und einen Schuss Fantasie hinzumengt und irgendwann etwas ausspuckt, aus den Bestandteilen des Bekannten, doch neu kombiniert.

Wenn aber die Reize fehlen, fühlt es sich an, als würde innerlich etwas absterben. Ich hätte mir so sehr gewünscht, Albrecht Dürer im Pelzrock zu sehen, Rubens Höllensturz der Verdammten oder die Badenden von August Macke, und sei es nur für einen kurzen Augenblick. Diese Sternstunden der Menschheit.

Aber Museumsbesuche waren verboten, erlaubt war hingegen der Kauf von Klopapier.

NOTIZ AN MICH

Was unterscheidet den Menschen von der Künstlichen Intelligenz? Empathie …

TAGEBUCH

Mein alter Physiklehrer sagte immer: Wir sind
umgeben von nichts. Ich hatte es lange nicht
begriffen. Wenn man sich jedoch in den Mikro-
kosmos begibt, stellt man fest, dass Atome
(griechisch atmos = unteilbar), also die Grund-
bausteine aller Stoffe, aus Protonen und Neu-
tronen bestehen, umgeben von einer Hülle mit
Elektronen. Dazwischen besteht quasi nichts.
Das bedeutet es also letztlich, dass wir von
»nichts« umgeben sind und aus »nichts« bestehen. Es wirken quasi zwei Kräfte im Inneren.
Die elektromagnetische Wechselwirkung treibt
den Kern einerseits auseinander, andererseits
hält genau diese ihn zusammen. Sollte dies der
Kern der zwei Seelen in unserer Brust sein? Ist
es das, was die Welt im Innersten zusammenhält?
Wir werden es nicht schaffen, das Universum zu
desinfizieren, aber wir verenden elendig, wenn
wir uns um unsere Empathie bringen, uns die
Umarmung verwehren, die menschliche Wärme.
Und wenn wir beisammenstehen, ob als Paar oder
Gruppe, so vermischen sich Teile der uns aus-
machenden Atome mit denen der anderen, der
Umwelt, sprich allem. Deshalb vielleicht auch
die Erkenntnis, dass wir alle Teil eines Ganzen
sind. Und wir sind eben nicht in Deutschland,
den USA, oder Afrika ... Wenn wir ein wenig mehr
rauszoomen, müssen wir feststellen, dass wir auf
einem wabernden Planeten durch das All rasen,
zusammen mit Myriaden anderer Sterne, Planeten,
Clustersystemen und gigantischen Gasnebeln. Wir
sind die eigentlichen Außerirdischen ...

Am meisten aber fehlte mir der direkte Kontakt zu anderen Menschen. Mir selbst war gar nicht bewusst gewesen, wie stark ich mich mit meinesgleichen verband. Beobachtend, studierend. Nicht, dass ich es gezielt tat, ich setzte mich nicht aufs Platzl und nahm mir vor: Jetzt guckst du dir eine Stunde lang Leute und ihre Bewegungsmuster an. Aber es war nun mal das, was ich von klein auf instinktiv tat. Was ich gewohnt war. Wer gern kocht, riecht die Gewürze, sieht das Obst und Gemüse auf den Marktständen und zaubert etwas daraus. Wer malt, dessen Welt schwingt in Farben. Und wer schauspielert, dessen Welt besteht aus Menschen und dem, was sie wann und warum tun.

Nimmt man dem Koch die Düfte und Aromen, dem Maler die Farben, die Leinwand oder dem Musiker den Klang, dann erfasst man die Stille, die mich in der Einsamkeit des Lockdowns förmlich erschlug.

Nirgends gab es Abwechslung. Keine süße, keine feuchtfröhliche, nicht mal ärgern konnte ich mich über den Stau unten auf der Straße, der die Luft verpestete – da war ja kaum einer unterwegs! Schnell mal was trinken gehen, eine Partie Schafkopf spielen, zwei Tage ins Hotel, bisschen durchkneten lassen … all das ging nicht mehr.

NOTIZ AN MICH

Ein buddhistischer Mönch sagte einmal, wir müssen lernen, immer zweimal aufzuwachen: einmal morgens, wenn der Tag anbricht, und zum zweiten Mal geistig.

Lockdown-Irrsinn:
Wer bin ich, wenn
ich auf mich allein
zurückgeworfen bin?

Wie oft hatte ich mir gewünscht, mal nicht abgelenkt zu sein, um zu mir zu finden? Et voilà, man soll vorsichtig sein mit dem, was man sich wünscht. Jetzt hatte ich es bekommen. Und ich ertrug es nicht länger. Hinzu kam die Trennung, die noch frisch war. Verletzte Eitelkeit? Der Stolz angekratzt? Verwundetes Herz?

Ich war brutal auf mich zurückgeworfen, und was ich da sah, gefiel mir nicht.

UNS GEHT'S JA NOCH GOLD

Weißes Rauschen dröhnte in meinen Ohren. Es kam nicht aus dem schalldichten Raum, zu dem meine Welt geworden war, es kam aus mir. Trennung, Lockdown, dieses Gefühl, sich nicht frei bewegen zu können, es zerrte an meinen Nerven.

Warum war ich wieder gescheitert?

Was war denn falsch mit mir?

Ich hatte keine Millionen, die ich in eine Beziehung werfen konnte, keine Statussymbole, kein Wohlstandsgerümpel. Doch ich hatte ein Herz voller Gefühle, Treue und Respekt. Ich liebte es, eine Frau zu verwöhnen, ihr zuzuhören, für sie da zu sein. Gedichte für sie zu schreiben. Ich war belesen, vielseitig interessiert. Liebte Natürlichkeit und legte keinen Wert aufs Aussehen, auf Schminke, das ganze künstliche Programm. In der Küche schuf ich kleine Geschmacksexplosionen mit Gewürzen aus aller Welt, kreierte sämige Soßen und ganze Menüs für Freunde gleich mit dazu. Ja, ich schleppte einiges an Altlasten mit mir herum; doch immer war ich bereit, zuzuhören und das Gepäck anderer mitzutragen. Und dennoch war ich ganz offenbar nicht gut genug. Ich konnte gar mit einem Fingerschnippen ausgetauscht werden.

TAGEBUCH

München, im April 2020

Auf der Suche nach Geborgenheit und Liebe
sind wir manchmal so verzweifelt, dass wir
todesmutig in den Keller unserer
Dunkelheit hinabsteigen.
Dann gehen wir leise schleichend, alle Sinne
des urzeitlichen Bewusstseins auf Alarmstufe
Rot gestellt, Stufe für Stufe weiter.
Denn es gibt kein Zurück.
Wir lauschen der Stille und unserem pochenden
Herzen.
Wir beginnen leise zu pfeifen, um unserer Angst
mit Mut zu begegnen.
Dann plötzlich ist da etwas!
Es tänzelt vor unserem Gesicht herum. Wir
spielen in einem Bruchteil einer Sekunde
sämtliche Schreckensszenarien durch ...
Was könnte es sein???
Spinnen? Eine giftige Schlange?
Tasthaare des Säbelzahntigers?
Ekel steigt in uns auf.
Und dann erkennen wir, es ist nur die Schnur
des längst vergessenen Lichtschalters.
Wir knipsen die Funzel an und blicken mit
Argusaugen in den Raum.
Endorphine besiegen das Adrenalin. Es ist nur
(m)ein Keller. Mit Kisten voller Erinnerungen.
Und vorrätigen Emotionen. Alles ist gut.

Hier bist du sicher.
Erleichtert hüpfst du die letzten beiden Stufen
hinab.
Ein leises Knacken hinter dir, du drehst dich
beschwingt um ... und blickst in das schleimige
Antlitz des Monsters von Ridley Scott. Ein
ALIEN ist irgendwie in DEINEN Keller gekommen.
Warum, spielt keine Rolle.
Du hast einen klitzekleinen Fehler begangen.
Dich ver-liebt.
Dein Schrei erstickt, und ehe du es begreifst,
zerfetzt es deine Seele, mit dem vorschnellen-
den Stahlgebiss, dem klaffenden Maul des kalten
Herzens.
Dunkelheit.

Und dann wachst du schweißgebadet auf. In dank-
barer Sicherheit, unter der warmen Decke deines
Lebens.
Und stellst entsetzt fest:
Es war gar kein Traum ...

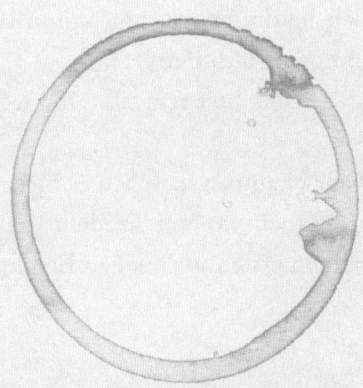

Sämtliche geplanten Drehs waren verschoben. Während des forcierten Nichtstuns zersetzte ich mich selbst.

Meine Gedanken wanderten wieder einmal zu dem Moment, als ich zurück zu meiner Mutter gezogen war. *Hineingescheitert 1,* ich sollte eine Serie darüber drehen, so, wie es bei mir lief.

Jedenfalls erinnerte ich mich an den Chlorgeruch in dem kleinen, feuchten Zimmer neben dem Schwimmbad und fragte mich, weshalb ich mein Leben derart beflissen damit verbracht hatte, den Erwartungen anderer genügen zu wollen. Wie vielen Menschen hatte ich es recht machen wollen und meine eigenen Seelenwünsche dabei konsequent ignoriert? Meine Lebenszeit billigst verkauft?

EGOISMUS BESTEHT NICHT DARIN,
DASS MAN SEIN LEBEN NACH SEINEN WÜNSCHEN LEBT,
SONDERN DARIN, DASS MAN VON ANDEREN VERLANGT,
SO ZU LEBEN, WIE MAN ES WILL.
OSCAR WILDE

—

Tony Robbins sagt, du bist immer genau an dem Ort, wo das Universum dich in diesem Augenblick haben will. Denn alles, was für dich bestimmt ist, steht schon bereit und wartet darauf, zu dir kommen zu dürfen.

Hallo, hier war ich. Und jetzt?

Wahrscheinlich hatte ich es nicht anders verdient.

Doch wo war sie denn hin, diese Euphorie, die ich nach meinen ersten spirituellen Errungenschaften gespürt hatte?

FIREWALK

Miami, Unleash The Power (UPW)
15.03.2018

Die Amerikaner beherrschen wie kein anderes Volk das Prinzip des Showbusiness. Tony Robbins ist ein Meister der Performance und liefert Inhalte auf allerhöchstem Niveau. Immerhin füllt er ganze Stadien. Nicht selten kommen zwischen 10000 und 25000 Menschen zu einem Tony-Event. Und Event trifft es sehr genau, ein Ereignis, oder besser ERLEBNIS. Gewiss, es mag Leute geben, die mit dieser Form der Energie nicht umgehen können. Gerade uns Deutschen fällt es bekanntlich schwer, obwohl sich auch hierzulande etwas zu verschieben scheint.

Ich persönlich liebe den Wechsel zwischen Stille und absoluter Energie.

Gleichwohl glaubte ich zunächst nicht richtig gehört zu haben. Hatte Tony eben etwa wirklich gesagt, wir würden heute Abend, am Ende des ersten Tages, alle barfuß über glühende Kohlen laufen?! Das konnte doch nur ein Witz sein …

Aber wen auch immer ich von den Teilnehmern um mich herum fragte, alle riefen euphorisch: »Ja, und es wird großartig!«

Ich dachte, ich bin hier völlig falsch, doch fürs Erste blieb ich sitzen. Ich konnte ja später immer noch gehen.

Das Interessante mit der Konditionierung ist, dass sie beinahe schleichend abläuft. Die jeweiligen Lerneinheiten bei Tony wechseln sich ab, mit Tanzen und lauter Musik, Abklatschen für das Wir-Gefühl, Einzel- und Gruppenübungen, Lernbeiträgen, exzellenten Gastrednern, Momenten der kollektiven Stille, wo gemeinsam meditiert wird. Wir erfuhren das Prinzip des »Priming«, auch eine Form von Meditation, in der man bewusst für sich

Dinge auswählt, für die man (heute) dankbar ist. Kleine Dinge, große Dinge. Alltägliches und Lebensplanungen. Um dann wieder aufzuspringen, sich zu bewegen und ausschütteln, zu tanzen und laute Musik zu hören.

Dazwischen werden immer wieder bestimmte »Moves« eingestreut, individuell gefundene, markante Bewegungen, die einem helfen, sich selbst anzufeuern. Mein Move ist die Becker-Faust, ganz klar. Und es gibt ein Reizwort, das plötzlich im Raum steht und immer wieder von allen gerufen wird, zusammen mit den Moves: »Cool Moss« (kaltes Moos!). Es dient dazu, ein Gefühl der Unbesiegbarkeit mit der Bewegung zu emotionalisieren. So wird ein Muster geformt, das uns später auf Abruf zur Verfügung steht. Jeder Sportler macht das, jeder Politiker, jeder Künstler. Es sind kleine Rituale, um sich selbst extrem zu motivieren: »*Motion creates e-motion.*«

Nach einem Sechzehnstundentag voller Information und Emotionen heißt es dann plötzlich: »Die Kohle glüht, die Bahnen sind bereit!« Die Teamleader und Assistenten erwarteten die Teilnehmer auf dem Dach. In meinem Fall war es die große FTX Arena an Miamis 601 Biscayne Blvd. Ich war so entschlossen und neugierig, dass ich mit zigtausend anderen barfuß die Treppen aufs Stadiondach nahm. Es war ein bisschen so wie im Internat, als wir uns des Nachts verschwörerisch wegschlichen, um die Mädels zu besuchen.

Oben angekommen, bot sich uns ein spektakulärer Blick über Miami. Diese glitzernde Stadt am Meer mit ihren Industriekränen, den Luxustürmen von South Beach, dazu der warme Wind, das Salz in der Luft … Wir formten dichte Reihen, wie Fallschirmjäger vor dem Absprung. Vor uns: fünfzehn Meter glühende Kohlen.

Die Teams assistierten uns. Tonys Stimme lag ruhig und mächtig über allem. Es war eine unglaubliche Mischung aus Adrenalin, gegenseitigem Anfeuern und der totalen Euphorie derer, die bereits unversehrt auf der anderen Seite angekommen waren.

Dann war ich dran. Drei Teammitglieder fassten mich an und fragten laut: »Bist du bereit?« Ich machte meine Becker-Faust und antwortete: »Ja.« Sie riefen erneut, lauter jetzt: »Bist du bereit?!« Ich hörte mich »JAAA!« schreien. Ein drittes Mal ertönte das »BIST DU BEREIT?!!«. Von überallher hörte ich die Rufe »Kaltes Moos, kaltes Moos!«. Die Teilnehmer hinter mir feuerten mich ebenfalls an: »LOS, DU KANNST DAS! DU SCHAFFST DAS! GoGoGO!!!«

Und dann plötzlich legt sich ein Schalter in deinem Hirn um. Während man durch Adrenalin und Emotion aufgepeitscht ist wie ein Infanterist beim Sturmangriff, ist man innerlich vollkommen klar.

Mein Atem wurde ruhig, und ich spürte mein Herz zuverlässig und mit der Kraft eines Löwen schlagen. Ich ging mit absoluter Selbstsicherheit los. Dabei sah ich die jubelnden Teammitglieder auf der anderen Seite und die tanzenden und springenden Teilnehmer, die es geschafft hatten, sich in den Armen lagen und feierten. Ich ging zügig und sagte unentwegt zu mir selbst: »Kaltes Moos, kaltes Moos, kaltes MOOS!«

Ich kann nicht in Worte fassen, wie phänomenal das Gefühl ist, wenn du auf der anderen Seite ankommst.

Jemand schüttete mir kaltes Wasser über die Füße, und das holte mich in die Gegenwart zurück. Ich sah ungläubig auf meine Füße, berührte sie, und tatsächlich, nicht ein Brandbläschen!

Ich hüpfte, tanzte und jubelte mit allen anderen. Ich war über mich hinausgewachsen. Eine Erkenntnis, die sich mir und allen anderen gleichermaßen ins Bewusstsein einschweißte.

Wir können ALLES erreichen! Wenn wir es denken, wird es sich manifestieren und real.

DU WIRST MORGEN SEIN,
WAS DU HEUTE DENKST.
BUDDHA

—

Es wäre kein perfektes Show-Erlebnis gewesen, wenn wir nicht am Ende ein Foto vor einer Feuerwand gemacht hätten, auf der in großen Lettern stand: »I AM A FIRE WALKER«. Es hängt heute in meinem Bad und erinnert mich jeden Tag daran, dass ich zu Außergewöhnlichem in der Lage bin, wenn ich es will.

WO DER SCHMERZ WOHNT

Die Erinnerung an meinen Firewalk, sie hatte sich wie in einem Dunst verfangen, ich konnte sie nicht fassen. Ich musste das alles geträumt haben. Oder es war bloß eine Illusion, wie so vieles aus den vergangenen Jahren. Wie jämmerlich ich in Wahrheit doch war. Rien ne va plus, sagte der Croupier am Glücksroulette des Lebens, während sich das Rad drehte und ich selbst als willenlose Kugel von einem Feld zum nächsten sprang, wie ein Tanzbär auf einer heißen Platte.

Niemand kann einen so fertigmachen wie man selbst. Die Worte, mit denen ich mich bedachte, der Abscheu darin, die Herabsetzung ... ich hatte gute Lehrmeister gehabt. Nun schlug ich in dieselbe Kerbe.

Ich riss mich selbst hinab, schaufelte mir mein eigenes Grab

mit dem Spaten der Illusion. Kraftvoll hob ich den angesammel-
ten Seelenschmutz vergangener Jahre aus. Den Dreck von der
Straße des Lebens, dem Asphalt der zugeteerten Träume.

WENN WIR SCHON AM ANFANG ZU STOLPERN BEGINNEN ...
HERBERT WEHNER

—

Meine Gedanken rotierten wie eine Langspielplatte, mein Geist
war die Nadel, die immer am selben Kratzer hängen blieb und
dann sprang. Dorthin, wo der Schmerz saß.

Irgendwann ging mir die Kraft aus.

Mit jedem Tag verließ sie mich ein Stück mehr.

Stundenlang saß ich reglos da und starrte auf die Wand. Was
ich sah? Was sieht man in der totalen Leere?

Ich fühlte mich, als wäre ich leckgeschlagen und meine Gedanken, meine Gefühle, meine Lebenskraft wären in irgendeinem
Gulli versickert.

Alles kostete immense Kraft. Das Aufstehen. Ein Glas Wasser
trinken, ich schaffte es gerade so. Ab und an regte sich ein Gedanke
in mir, eine mahnende Stimme vielleicht. Mir doch egal. Ich ließ
die Schultern hängen, mein Atem konnte nicht fließen, Bewegungen vollführte ich nur im Sparmodus. Ich lud die Depression
förmlich ein.

NOTIZ AN MICH
Welcome to Zombie Land.

Dann kam die Traurigkeit. Ich hatte ja keine Ahnung gehabt, wie viele Tränen meine Augen produzieren konnten. Aber das ganze Weinen verschaffte mir keine Erleichterung. Wenn ich mal einkaufen ging, überfiel es mich plötzlich, dieses Gefühl, die Tränen nicht mehr zurückhalten zu können. Ich wollte mich dagegen wehren, sie mir verbeißen, aber auch dazu fehlte mir irgendwann die Kraft. Und dann war es mir egal. Dann war mir alles egal.

Ich sah mir selbst dabei zu, wie ich immer mehr verkümmerte. Ich ließ es zu, weil ich es nicht aufhalten konnte. Ich ergab mich wie ein Schwerverwundeter.

Meine Eltern, meine Freunde, sie waren hochgradig besorgt. Riefen an, immer wieder, und redeten auf mich ein. Ihre Worte drangen wie durch Watte an mein Ohr, ich verstand sie nicht. Doch ich fing die Energie in ihren Worten auf. Sorge, Liebe. Da regte sich etwas in mir, ein winziger Impuls nur. Mein Herz schlug schneller, als würde sich ein Zeitfenster schließen. Ich begriff: Der Zustand durfte so nicht länger andauern. Er bedrohte meine Existenz. Mit einer verzweifelten Kraftanstrengung riss ich mich in die Wachheit, sprang auf, öffnete die Tür zur Terrasse. Kalte Luft strömte herein, ich holte stockend Luft. Bis ich aus dem Schockzustand erwachte.

Dann kam der Schmerz. Und ich begriff: Der Schock war meine Anästhesie gewesen. Jetzt ging es erst richtig abwärts.

DAS GRÜNE DING AUS DEM SUMPF

Mit gesenktem Kopf erkennt man die Richtung nicht, in die man unterwegs ist. Ich war in den vergangenen Monaten zu sehr darauf bedacht gewesen, einen Fuß vor den anderen zu setzen, um bloß nicht stehen zu bleiben, dort, wo alles über mir zusammenbrach. Also war ich im Kreis gegangen und hatte es nicht mal gemerkt. Aber was hätte ich denn auch tun sollen? Ich konnte mich in diesen Tagen selbst nicht mehr ertragen. Was war bloß aus mir geworden? Wie sollte ich je wieder aus dem Schatten auf die Sonnenseite des Lebens gelangen?

Wohin ich auch blickte, ich fand nichts Schönes mehr. Die Welt war voller Fake, ich verabscheute sie. Und am allermeisten verabscheute ich mich selbst.

Schräge Gedanken kreieren, das schaffte ich noch. Aber sonst? Kriegte ich mein Leben nicht auf die Reihe …

Da hockte ich, im Labyrinth meines Selbstmitleids, und ließ zu, wie es mich immer weiter hinabzog. Ich fühlte mich unverstanden, ungerecht behandelt, ungeliebt. Ja, dieses ganze Gejammer widerte mich an. Es verstieß gegen die männliche Tradition des Sich-hart-Machens, in dem ich so geübt war. Doch *so what?* Ich war gescheitert, ich litt drunter, Punkt. Ich bemitleidete mich so, wie ich auch einen Freund bemitleidet hätte, der sich dermaßen in den Morast geritten hätte. Mitleid heißt, auf die Ebene des Leids zu gehen, dem Schmerz zu erlauben, da zu sein, gefühlt zu werden, geteilt, und wenn es von einem selbst ist. Doch auf diese Weise fand ich nicht raus aus dem Labyrinth, da war kein Ariadnefaden, der mich lotste, eher einer, in dem ich mich immer weiter verfing. Mitgefühl, das wäre besser gewesen, aber dazu hätte ich ein Scheibchen Distanz zu mir selbst aufbringen müssen. Besser noch Karuna, das Paliwort für tätiges Mitgefühl, das immer auch eine aktive Komponente enthält: Ich fühle mit dir, wie kann ich dir helfen?

Gute Frage! Wie hätte ich mir helfen können? Wer hätte mir helfen können? Der große Uhrmeister vielleicht, der die Zeit zurückdrehen konnte?

Es war schlimm mit mir. Denn es war schlimm in mir.

TAGEBUCH

Ich habe oft das Gefühl, die meisten Menschen
bewegen sich wie Zombies durchs Leben, umgeben
von Routine und Gleichgültigkeit. Jeder fährt
allein im Auto, starrt in der U-Bahn, vor der
Kasse vom Supermarkt oder auf dem Schulhof
in sein schwarzes Drogenkästchen, genannt
Handy ... Im Büro, beim Rauchen, Einkaufen und
vielleicht auch beim Sex ist jeder für sich.
Mit geschlossenen Augen.
Wir haben Angst, uns mitzuteilen, denn das
könnte auffallen. Und wer auffällt, ist
verdächtig. Unser Geist ist verklebt, und wir
haben den Sinn für das Wesentliche verlernt.
Wir schwimmen lieber mit dem Strom der
Unwissenden, dabei gelangt nur derjenige an die
Quelle, welcher gegen den Strom schwimmt ...

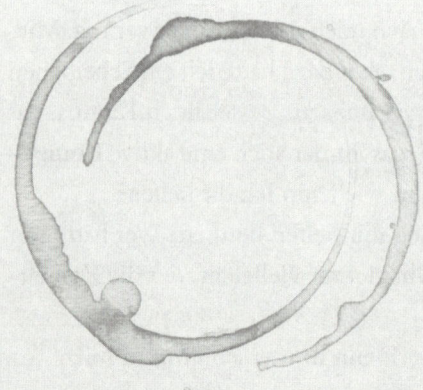

NOTIZ AN MICH

Selbstmitleid ist immer auch die Überzeugung, dass das Leben gegen dich ist.
Heute wünschte ich, ich könnte durch die
Zeit reisen und meinem damaligen Ich das
vermitteln, was ich in der Rückschau erkenne:
dass alles gut und richtig war, wie es
geschah.

EN UNA NOCHE OSCURA ...

Auch im Abendland finden sich Mystiker voller Tiefe und Weis-
heit. Zu ihnen zählt etwa der Karmeliter, Priester und Dichter
Johannes vom Kreuz. Mitte des 16. Jahrhunderts in Kastilien ge-
boren, zog er sich schon früh aus dem weltlichen Leben zurück.
Aufgrund von Intrigen wurde er schließlich entführt und in den
Kerker geworfen.

IN EINER DUNKLEN NACHT
VOLLER SEHNSUCHT IN LIEBE ENTFLAMMT
OH GLÜCKLICHES GESCHEHEN!
ENTKAM ICH UNERKANNT
ALS MEIN HAUS SCHON STILLE LAG.
JOHANNES VOM KREUZ

———

Neun Monate war er gezwungen, dort allein und ohne jeden Beistand auszuharren, bis ihm schließlich die Flucht gelang. In dieser
Zeit entstand sein mystisches Gedicht »Die dunkle Nacht der

Seele«. Es war der dunkle Kerker, in dessen Stille und Einsamkeit er Gottes Gegenwart gewahrte.

Die mystische Erfahrung des Johannes vom Kreuz gilt für viele als Zeugnis der Entwicklung, der Ganzwerdung des Menschen: Aus der Dunkelheit steigen wir empor zum Licht, durch Leid gelangen wir zur Erkenntnis.

Kreuz und Kerker, das war die Kulisse, in der ich gefangen war. Irgendwann schlug die Verzweiflung in Aggressionen um, und ich richtete sie gegen mich selbst.

Dann kam die Angst.

Die Angst vor dem ultimativen Absturz kostet unsagbar viel Kraft. Wir wissen nicht, was uns in der Tiefe erwartet. Ob und wie wir zerschellen. Was in uns bricht.

Ich krallte mich fest, versuchte dagegenzuatmen, als pure Verzweiflung mich erfasste. In meiner Panik rief ich mehrere Freunde an, doch diejenigen, die sonst Tag und Nacht auf Sendung sind, hatten den Flugmodus eingeschaltet. Nur einer, von dem ich es am wenigsten vermutet hatte, war da und nahm sich Zeit.

In den folgenden Stunden redete ich mir alles von der Seele. Und er hörte mir zu.

NOTIZ AN MICH

Das Leben gibt dir immer eine zweite Chance,
Sie heißt »morgen«.

Schließlich kapitulierte ich. Ich ließ los und fiel. Wie in einem Sekundenfilm spulten sich alle Verletzungen vor meinem inneren Auge ab, die ich im Leben erfahren hatte. Ich weinte, heulte, schluchzte.

Und dann bemerkte ich etwas Seltsames. Die Tränen waren tröstlich.

Kapitulation, das begriff ich mit einem Mal, konnte auch Stärke sein. Denn mit einem Mal fühlte es sich an, als hätte mich etwas aufgefangen.

Diese Kraft, die Leben heißt.

★ ★ ★

Es war Nacht, ich trat zum Fenster und blickte hinaus, zum Himmel.

Ich musste an einen meiner zahllosen Flüge von Ost nach West und umgekehrt denken, eines Nachts im Cockpit eines befreundeten Piloten. Damals wurde es mit einem Mal stockfinster, selbst die Sterne hatten das Licht ausgeknipst. Nur die Instrumente blinkten leise vor sich hin und spendeten ein wenig Trost. Es war seltsam still, beinahe unheimlich, so zwischen Himmel und Erde, in der totalen Finsternis.

Als hätte er meine Gedanken gelesen, sagte mein Freund unvermittelt: »Der dunkelste Moment ist der vor Sonnenaufgang.«

FACE OFF

///////

Jede Schwierigkeit, jedes Scheitern,
jeder Herzschmerz tragen den Samen eines
gleichwertigen oder größeren Nutzens
in sich.

Napoleon Hill

///// **Erkenntnis ist kein Ziel, sondern ein ewiger Weg.** Das wurde mir klar, als ich mich ans Aufräumen machte: in meiner Wohnung, in mir, in meinem Leben.

In den Monaten vor dem Lockdown hatte ich einige spirituelle Seminare besucht, hatte Napoleon Hills *Erfolgsgesetze* gelesen, Esther und Jerry Hicks' *Law of Attraction*. Doch während ich das Steuer losgelassen und mein persönliches Drama Fahrt aufgenommen hatte, war mir gar nicht bewusst gewesen, dass vieles, was ich mir erarbeitet hatte, zusammen mit meinen Illusionen über Bord gegangen war. Jetzt warf ich das Netz aus, und was ich barg, das half mir, wieder zu mir zu finden: Stück für Stück.

Ich wünschte mir so dringend, frei zu sein von dem ganzen Ballast der Vergangenheit. Auch das war ein Weg – hoffentlich kein ewiger, aber mit Sicherheit einer, der nicht binnen drei Tagen zurückgelegt werden konnte.

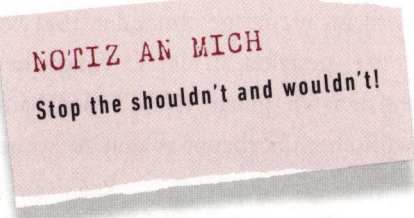

NOTIZ AN MICH
Stop the shouldn't and wouldn't!

LOCKDOWN IM KOPF

Als ich endlich wieder zu meditieren begann, stand mir klar vor Augen, wie sehr sich meine Gedanken und Gefühle im Kreis gedreht hatten und die Quelle der Erkenntnis zumüllten. Da arbeitete ich mich innerlich am Lockdown ab, ärgerte mich zunehmend über die Beschränkungen und Begrenzungen, und was fand ich, als ich den Blick nach innen richtete?

Ich darf nicht, ich sollte nicht, ich kann nicht … Limitierendes Denken im Quadrat. Dazu noch ein Zentner Beurteilungen, etwa die gleiche Menge Verurteilungen, eine gute Portion Festhalten an negativen Erfahrungen – und fertig war der Gedankenmüll, den keiner abholen kam. Ich brauchte Urlaub vom Gehirn, ganz dringend!

Meditation ist Arbeit, ständig ist man damit beschäftigt, die umherstiebenden Gedanken bei den Zügeln zu packen. Denn wenn man ihnen erst mal hinterherläuft, ist es oft zu spät: Dann knüpft der Verstand aus Gedankenfunken Zusammenhänge, in denen man sich verliert, und so landet man in Bruchteilen von Sekunden bei Themen, die meilenweit weg sind von dem, worauf es wirklich ankommt – dem gegenwärtigen Moment.

Meditation bedeutet, mit dem »Was ist« zu sein. Nicht dem »Was sein könnte …« oder dem »Was gestern, vor drei Tagen, vor siebzehn Jahren war …«. Auch nicht mit der Zukunft, denn die wird im Heute geschmiedet, und wenn wir wollen, dass sie sich anders gestaltet als die Vergangenheit und die Gegenwart, dann müssen wir genau JETZT den Samen dafür säen, um das Gewünschte überhaupt ernten zu können.

Das war in etwa die Aufräumarbeit, die ich nun täglich absolvierte, mal präsent, mal absent, doch ich blieb dran. Leicht fiel es mir nicht. Ich kannte mich ja: Drei Worte, und ich ersann einen halben Roman. Eine Erinnerung, ein Gefühl, und schon formte sich in mir ein Gedicht. Aber wenn ich den echten Francis finden und nicht gleich wieder verlieren wollte, musste ich dranbleiben, den Anker in der Gegenwart setzen und immer mal wieder an der Kette ziehen, um mich aufzuwecken.

Neben frustrierenden Fahrten auf dem Gedankenkarussell gab es auch erhebende Momente, und sie hielten mich bei der

Stange. Das Einssein mit allem, was ist … wie hatte ich das vermisst! Wenn es auf der zwischenmenschlichen Ebene nicht funktioniert mit dem Vertrauen, mit der Akzeptanz, dem Wohlwollen, der Liebe, dem Verschmelzen … dann, und nicht nur dann, ist die spirituelle Ebene der verlässlichste Ort, an dem wir Frieden finden können und die wahre, untrennbare Realität wahrnehmen.

Ich war immer schon ein Beziehungsmensch gewesen. Auch wenn ich mich als Kind gern allein beschäftigt hatte, waren (und sind) meine Eltern zuverlässig in der Nähe gewesen; eine leise, unaufdringliche Hintergrundmusik, vor der ich mein eigenes Solo spielen durfte. Später – allein, ohne Begleitung – waren mir die Harmonien abhandengekommen. Doch ich hungerte nach dem Austausch, hatte diese erzwungene Einsamkeit so unglaublich satt.

Als ich Abraham Hicks zum zweiten Mal las, wurde mir klar, warum es mir so erging. Als soziale Wesen wachsen wir an der Nähe, an den Unterschieden, dem gegenseitigen Austausch. An den Erwartungen, die wir an andere stellen und die sie erfüllen oder eben nicht erfüllen. Erwartungen, die in Wahrheit nur mit uns selbst zu tun haben, weil wir allein für unser Glück verantwortlich sind.

NOTIZ AN MICH
Jedes Hindernis ist eine Gelegenheit, lernen zu dürfen.

Lange hatte ich geglaubt, dass andere Menschen die Macht hätten, mich negativ zu beeinflussen. Tausend Momente der Ablehnung stiegen aus meinem Gedächtnis auf und mit ihnen die Erinnerung, wie ich auf sie reagiert hatte – kleinste Impulse, aufgebauscht zu Tragödien. Dabei, das begriff ich jetzt, war es allein meine eigene Reaktion, die mich aus dem Lot brachte. Wenn ich einem verletzenden Wort, einer Abfuhr, einem Buhruf keine Energie gab und all das an mir abperlen ließ, konnte es mich nicht runterziehen.

Genauso verhielt es sich mit der Anerkennung. Es brachte nichts, sie in anderen zu suchen, sie musste von innen kommen.

Doch wie?

NOTIZ AN MICH
Glaubst du an das, worum du bittest?

Die wichtigste Erkenntnis für mich war, dass ich aktiv mitarbeiten musste, um die beste Version meiner selbst zu erschaffen. Da kam keiner, der mich aus dem Dunkel ins Licht zerrte und mich in himmlische Sphären katapultierte – und wenn ich noch so beharrlich darauf hoffte.

Die Arbeit an mir war ein weites Feld, und es erforderte Disziplin. Jeder Gedanke hat seine eigene Energie, und diese Energie kann sich manifestieren. Bei der Vorstellung, was mein Denken ständig an Negativem produzierte, wurde mir anfangs ganz schummerig.

Hinzu kam, dass mir das Spielen fehlte. Drehs waren abgesagt, auf unbestimmte Zeit verschoben. Mein zuverlässiges Ventil für Gefühle, für überbordende Kreativität war abmontiert worden. Die Wege aus der Krise sind höchst individuell. Was mich anging, war es an der Zeit, jenes Ventil zu ersetzen und alte, verloren geglaubte Talente wieder hervorzuholen.

EIN KLECKS, EIN STRICH

Jahre zuvor, während der Dreharbeiten zu *Dr. Kleist,* hatte ich mir ein Sketchbook gekauft, achtundvierzig Blatt mit schöner Oberflächenstruktur für den weichen Bleistift. Pause um Pause hatte ich gezeichnet, planlos, das, was eben kam. Später hatte ich mein kleines Atelier mit Acrylfarben aufgestockt, doch wie es so oft passiert, war immer irgendetwas losgewesen, und der ganze Aufwand mit dem Anmischen der Farben hätte sich kaum gelohnt. Dabei hatte ich als Kind schon so gern gemalt.

Jetzt aber gab es keine Ausrede, und ich wollte auch keine erfinden. In mir war solch ein Drang, mich auszudrücken, ich musste dem einfach nachgeben.

Der erste Strich auf weißer Leinwand ist wie ein Urschrei. Totale Verbundenheit im Hier und jetzt. Der Raum zwischen zwei Tönen, zwei Worten, zwei Pinselstrichen ist der Ort, an dem Konflikt und Stille, Chaos und Kosmos eins werden. Wer auf die Bühne tritt und spricht, spürt dem Wort nach, das im Ideal – vom Partner, vom Publikum, vom Universum gespiegelt – der Grundstein für einen Dialog ist. So ist es auch bei der Malerei und beim Schreiben. Einatmen, ausatmen, Bewegung, Gefühl.

> **IN DER KUNST WIE IM LEBEN IST ALLES MÖGLICH,**
> **WENN ES AUF LIEBE BASIERT.**
> **MARC CHAGALL**

—

Jetzt, während des Lockdowns, begann ich nachts zu malen. So wie mein Herz in tausend Teile zersplittert war, bohrte ich alte

Formen auf, brach Struktur und Sinn und mischte die Farben nicht selten mit meinen Tränen. Dann suchte ich Abstand, ging in die Berge oder in mein Innerstes. Nach einigen Tagen oder Wochen betrachtete ich die Werke erneut.

Meine Bilder sprechen mit mir; wenn sie fertig sind, strahlen sie mich an, wenn nicht, fordern sie mich heraus, noch mehr zu geben. Mein Bestes eben, drunter geht es nicht.

Mal ist es nur ein Klecks oder Strich, mal übermale ich das ganze Bild, bis etwas Neues entsteht. Es ist ein fortwährender Dialog, bis zur Ekstase, wie in den Armen einer Frau, wenn das Leben erschaffen wird und der göttliche Funke aus uns in das Neue springt.

Und so fand ich zum Schaffen zurück.

Fehlte nur noch der Rest: die Heilung. Und dann, hoffentlich, die Befreiung.

NOTIZ AN MICH

Ich stellte mir vor, dass meine Gefühle mit mir an einer großen Tafel sitzen, wie beim Abendmahl.
Früher durften nur die »Guten« rein, die »Schlechten« mussten draußen bleiben, wie Hunde vor Geschäften. Sie waren außer sich, schrien herum und störten ständig die Party.
Heute sind auch meine Quälgeister, Angst, Wut, Gier & Zweifel, mit dabei. Alle sind gleichberechtigt, und jeder kommt zu Wort.
Seitdem sind wir eine bunte Familie, und ich bin der Boss.

Das Innere auf die Leinwand bannen:
Gemälde aus der Lockdown-Zeit

ODYSSEE 2001

Es dauerte noch ein wenig, bis ich die Vögel wieder singen hörte. Ein Teil von mir war in einer Facette des Selbstmitleids gefangen, die ich lange nicht bereit war, mir anzusehen: Ich fühlte mich als Opfer. Ob Kindheit, Internat, Mobbing, Intrigen, Verlassenheit – warum war mir das alles zugestoßen? Warum ausgerechnet mir? Es war nicht mehr so, dass ich mich in den Abgründen suhlte, doch die Erinnerungen taten nach wie vor weh. Manches Mal steigerte ich mich auch hinein. Sich lebendig fühlen, das funktioniert über Glück und über Leid gleichermaßen.

Wenn man die Opferrolle übernimmt, weist man automatisch die Verantwortung für die Misere anderen zu: den Umständen, der Politik, den Eltern, den Genen, falschen Freunden, dem Ex-Partner, wem auch immer. Man fühlt sich hilflos, ein Stück weit ausgeliefert. Das macht zornig – oder es lähmt. Und es kostet Kraft.

Das spürte auch ich. Bereit, endlich weiterzugehen, nervten mich die Gewichte, die ich mit mir herumschleppte. Bis ich mich an die Worte eines weisen Lehrers erinnerte: »Wenn du dich als Opfer fühlst, überlege, ob du nicht auch Täter bist.«

Der Satz hämmerte sich in meine Gedanken.

Als er mir zum ersten Mal zu Ohren gekommen war, hatte ich höflich genickt, den Kopf ein wenig zur Seite geneigt, um Wohlwollen zu demonstrieren, und die Worte innerlich weggewischt. Lächerlich, hatte ich gedacht. Auf mich, da war ich mir sicher, traf das nicht zu. Die Anfänge meines ganzen Dilemmas lagen in der Kindheit. Scheidungskind, Internatskind ... Wer nicht gerade hardcore-mäßig an die Erbsünde glaubte, musste sich doch ernsthaft fragen, wie ein kleiner Junge mit lauter Flausen im Kopf ein Täter sein sollte.

Doch jetzt, wo ich so unbedingt wieder in meine Kraft kommen wollte, kreisten meine Gedanken erneut um diesen einen Satz. War es zu einfach gedacht, jegliche Verantwortung von mir zu weisen? Nach der Trennung meiner Eltern war ich hart auf dem Boden der Realität gelandet, das war nicht meine Schuld. Die Bullys im Internat waren gemein gewesen, auch das war nicht meine Schuld. Vielleicht aber bezog sich diese angebliche »Täterschaft« ja gar nicht auf den Moment des Ereignisses ... Was in meiner Kindheit und Jugend passiert war, war vergangen, ich konnte es nicht mehr ändern. Aber ich konnte es aus der Gegenwart heraus betrachten – und ihm einen neuen Rahmen geben.

Michelangelo und andere Genies pflegten ihre Entwürfe auf die Leinwand zu zeichnen, Striche oft nur, fast expressionistisch anmutend. Dann trugen sie Farbe auf und schufen Meisterwerke.

Ich spann den Gedanken weiter.

Was, wenn man mit dem Werk nicht zufrieden war? Es wegwerfen und neu anfangen? Das klappte offensichtlich nicht, denn der Entwurf war so deutlich auf die Leinwand gebannt, dass alles zur Blaupause geriet.

Was aber, wenn ich die Deckfarbe abtrug, den Entwurf noch einmal neu betrachtete und dann zu erkennen versuchte, was daran nicht stimmig war?

Der Gedanke, der mir schließlich half, mich aus der Opferrolle zu befreien, war anfangs ebenso schwer zu fassen wie ein Traumfetzen morgens gleich nach dem Aufwachen. Offenbar musste ich tiefer gehen, hinter das Offensichtliche und direkt auf die Leinwand blicken. Erkennen, dass nicht ich oder meine Eltern sie gewoben hatten, sondern dass ihr Entstehen den Gesetzen dieses Universums unterlag.

Dass zwei Menschen sich auseinanderleben, geschieht. Dass andere mobben, hänseln, herabsetzen, geschieht. Dass Bedürfnisse in einer Ehe, in einer Partnerschaft gegenteilig sind, man sich fremd wird, sich auseinanderentwickelt, auch das geschieht.

Leben auf dieser Erde bedeutet nicht, andere Menschen zu treffen und mit ihnen Szenen aus dem Paradies nachzustellen. Dazu haben wir alle zu viele Ecken und Kanten. Sind voller egozentrierter Instinkte, auch wenn wir gleichermaßen zur bedingungslosen Liebe fähig sind. Wir reiben uns aneinander, streiten, auch mit uns selbst, und das daraus entstehende Feuer kann uns wärmen, aber eben auch vernichten. Wir sind nicht Adam und Eva vor dem Sündenfall, sondern Menschen, die andere lieben, verletzen, verführen, herabsetzen, in den Himmel heben, hintergehen, alles. Wir sind Opfer und Täter.

Und wir sind Täter auch in dem Sinne, dass wir anderen ein Unrecht tun, wenn wir Übermenschliches von ihnen erwarten.

Meine Eltern – wie hätte ich voraussetzen können, dass sie einander ewig lieben und alle Hürden des Lebens, auch des Zusammenlebens, mit einem Lächeln meistern würden? Wie, wenn in diesem Universum alles sich ständig verändert?

Wie hätte ich erwarten können, dass der Stärkste im Internat mich verschone, wenn er doch nur auf sein eigenes Überleben in diesem Rudel fixiert war?

All die Intrigen des Lebens, die Fallstricke: Wenn ich zu viel erwartete und dann unglücklich war, war ich Opfer und Täter zugleich. Ich war der, der re-agierte.

Und in den meisten Fällen hatte das, was geschah, sowieso nichts mit mir persönlich zu tun.

Ein Spruch, der mir viel bedeutete, aber für mich nie ganz zu greifen gewesen war, kam mir wieder in den Sinn:

Alles Leid rührt von obsessivem, selbstzentriertem Denken her.
Ein weiterer traumgleicher Gedanke, nach dem ich hangelte ...

Dann begriff ich: Ich hatte die Scheidung meiner Eltern auf mich bezogen, das Mobben, die Intrigen ebenso. Und das hatte letztlich zu Leid geführt. Leid, das sich tückisch im Verborgenen fortgepflanzt hatte. Denn während ich mich als Opfer sah, ja, manchmal geradezu dazu hochstilisierte, machte ich die anderen zu Tätern. Es war an der Zeit, damit aufzuhören.

Aber wie erreichte ich das?

**DAS BILD VOM FURCHTLOSEN HELDEN TÄUSCHT.
ER IST EIN FANTASIEPRODUKT. EIN HELD, DER KEINE ANGST
HAT, BRAUCHT KEINEN MUT. DIE ANGST IST EINE STÄNDIGE
BEGLEITERIN. OHNE ANGST LEBT KEIN GRENZGÄNGER LANGE.
DIE ANGST IST DIE ANDERE HÄLFTE VON MUT.
REINHOLD MESSNER**

—

WO DIE ANGST IST, DA GEHT'S LANG

Ich spürte große Dankbarkeit, dass ich in meiner »dunklen Nacht der Seele« nicht abgestürzt war in Depressionen oder Angstzustände, aus denen ich nicht mehr herausgefunden hätte. Warum das so war? War es die Liebe meiner Eltern, die mir Resilienz schenkte, diese Kraft, die sich aus den Erfahrungen entwickelt, die wir mit Bezugspersonen und der Umwelt machen?

ERFOLG IST NICHT ENDGÜLTIG, MISSERFOLG IST NICHT FATAL,
WAS ZÄHLT, IST DER MUT, WEITERZUMACHEN.
SIR WINSTON CHURCHILL

—

Die amerikanische Entwicklungspsychologin Emmy Werner nannte die Menschen, die trotz widrigster Lebensumstände nicht zerbrechen, »vulnerable, but invincible«, verletzlich, doch unbesiegbar. Was die von ihr beobachteten Frauen und Männer auszeichnete, war zum einen die Bindung an wenigstens eine konstante Bezugsperson, ferner die Fähigkeit, Hilfe anzunehmen, Humor und Optimismus zu zeigen sowie eine Form von Spiritualität ins Leben zu integrieren.

Alles Eigenschaften, die ich zu meinem großen Glück auch in mir wiederfand. Fest stand: Ich hatte eine Million Gründe, dankbar zu sein.

Aus dieser Stimmung heraus wollte ich mich auf mich zubewegen, und ich ahnte, dass mein weiterer Weg genau dort entlangführen würde, wo meine Ängste saßen.

SETZE DICH DEINER TIEFSTEN ANGST AUS.
DANACH HAT DIE ANGST KEINE MACHT MEHR ÜBER DICH,
UND DIE ANGST VOR FREIHEIT SCHRUMPFT
UND VERSCHWINDET. DU BIST FREI.
JIM MORRISON

—

TAGEBUCH

Sieben Monate zuvor, nach dem Health & Wealth-
Seminar bei Tony Robbins auf Teneriffa

Was für ein Tag! Sehr interessante Teilnehmer.
Nicht solche Massen wie sonst, aber 2000 werden
es heute wohl gewesen sein. Ein Österreicher
aus Graz scheint extrem spannend, ich denke,
wir könnten Freunde werden.
Wir alle waren total neugierig, was Tony sich
diesmal als Challenge ausgedacht hatte. Als wir
am Morgen in die Busse stiegen, ahnten wir noch
nicht, wo es hinging. Nach etwa halbstündiger
Fahrt kamen wir an einen Ort, wo etwa fünfzig
Baumstämme aufgebaut waren, deren Rinde
abgeschält war. Jeder um die fünfzehn, zwanzig
Meter hoch, mit einem Miniaturpodest auf der
Spitze. Mir schwante Übles ...
Der Österreicher war Teil meines Teams. Nachdem
wir ein paar Formulare ausgefüllt hatten,
erklärten uns die Instruktoren, dass wir ein
Bergsteiger-Geschirr angeschnallt bekämen,
das uns vollständig sicherte. Darin sollten wir
den Baumstamm hochklettern, jeder in seinem
eigenen Tempo. Oben angekommen, ging es darum,
sich auf die Spitze des Stamms zu stellen.
Ein Trapez hing etwa zwei Meter entfernt.
Wir mussten, jeder für sich, entscheiden, ob
das »unser« Trapez sei. Wenn die Antwort »JA«
lautete, galt es zu springen.

Und das bei meiner Höhenangst!

Ehrlich gesagt hatte ich gehofft, wieder einen
Firewalk zu machen, aber es ist ja nicht Sinn
und Zweck der Seminare, das zu wiederholen, was
man eh beherrscht. Mit dem Gewohnten gilt es
nun mal zu brechen ...
Ich sammelte meinen Mut zusammen, anfangs ging
alles erstaunlich gut. Doch etwa auf der Hälfte
des Stammes stockte ich. Mein Bewusstsein
kickte rein. Mir wurde klar, wo ich mich
befand: gut zehn Meter über dem Boden! Augenblicklich erstarrte ich. Ich klammerte mich an
den geschälten Baumstamm und wollte keinen
Millimeter weiter. Ich beschloss, für den Rest
meines Lebens genau hier zu bleiben. Man könnte
mir Essen und Trinken per Flaschenzug bringen,
irgendwie würde die Versorgung schon klap-
pen ...
Links und rechts kletterten alte und junge
Menschen an mir vorbei nach oben, stellten sich
auf die Spitze und hüpften an das Trapez.
Toll, klar - doch ohne mich!
Irgendwann setzte mein schlechtes Gewissen
ein. Du kannst nicht noch länger hier hocken
bleiben, sagte ich mir. Die warten alle auf
dich!
Dann kamen die Selbstvorwürfe. Du bist
nicht mal gut genug, einen blöden Baum
raufzuklettern. Was stimmt bloß nicht mit dir?
Nach einer gefühlten Ewigkeit erinnerte ich
mich an den Firewalk, den Move und den Sound.

Also löste ich eine Hand vom Stamm - zum Glück
hielt mich das Geschirr. Dann machte ich die
Becker-Faust, feuerte ich mich selbst an, und
tatsächlich löste sich meine Panik.
Ich wagte mich weiter hinauf und erreichte
tatsächlich die Spitze. Ich schaffte es sogar,
mich auf dem kleinen, etwa fußbreiten Plateau
aufzurichten. Ich war komplett nass geschwitzt.
Meine Höhenangst tat das ihre dazu. Doch als
ich endlich stand, passierte zu meiner Überraschung das Gleiche wie in Miami. Ich wurde
ganz ruhig. Ich konnte sogar die Aussicht auf
die Pinienwälder und den Atlantik genießen.
Ich dachte: WOW, die Welt ist schön!
Dann erinnerte ich mich an das Trapez.
Ich fokussierte mich. Unter mir konnte ich
die Teilnehmer hören, wie sie mich anfeuerten.
»Du schaffst es, Francis! Du schaffst es!«
In mir wuchs absolute Gewissheit. Ich spürte
meinen Herzschlag und atmete tief durch.
Dann hatte ich förmlich einen Glücksimpuls -
und sprang!
Einen Sekundenbruchteil später hing ich am
Trapez. Ich konnte es nicht glauben ... Ich
hatte es abermals geschafft! Unter dem Jubel
der anderen wurde ich abgeseilt. Der Österreicher und ich flogen uns in die Arme, es
war der Beginn einer wunderbaren Freundschaft.
Und was meine Höhenangst angeht - die habe
ich auf Teneriffa gelassen.

KAP DER ANGST

Angst ist ein starkes Gefühl. Sie bewahrt uns vor Schaden, vor übergroßen Risiken; sie kann auch eine mächtige Triebfeder sein, um Übermenschliches zu schaffen.

Wie alle Grundenergien, über die wir Menschen verfügen, hat Angst verschiedene Erscheinungsformen. Existenzangst, Angst vor Höhe, Tiefe, Ablehnung, Liebe, vor dem eigenen Glanz … Die Nuancen der Angst sind ungezählt.

Ich hatte allen Grund, dankbar zu sein, dass meine Angst vor der Angst letztlich vergangen, vielleicht sogar bezwungen war. Denn Ängste können sich potenzieren, zum Kerker werden und uns Menschen völlig einschließen.

Wenn Angst einen beherrscht, gibt es keine Klarheit und auch keine Freiheit. Aber ich wollte, musste wieder frei sein. Also machte ich mich leer, ging in die Stille.

In meiner Imagination reiste ich in die verschiedenen Bereiche meines Lebens und spürte nach, wo Furcht aufkam.

Da war die Angst vor dem Verlassenwerden, die grell in meinem Innern aufleuchtete, als ich mich ihr näherte. Mein Herz zog sich zusammen, ich spürte, wie ich den Kiefer zusammenbiss, wie Unruhe mich überkam. Schon wollte ich die Augen öffnen, mich ablenken, die negative Energie loswerden. Doch wenn die Monster unterm Bett hervorkriechen, dann lauf nicht weg, sondern verjage sie mit Schreien, heißt es. Ich machte eine Faust, feuerte mich an und blickte der Angst ins Gesicht. Ich betrachtete sie, ohne mich von ihr einfangen zu lassen, atmete tief und fokussiert.

Als ich Minuten später die Augen öffnete, war ich wieder mal schweißgebadet, doch ich fühlte mich auch seltsam abgeklärt.

Zwei Wege taten sich vor mir auf. Ich konnte der Angst vor

dem Verlassenwerden nachgeben und mein Herz verschließen. Oder ich konnte es öffnen und achtsam bleiben.

Ich entschied mich für einen dritten Weg: Ich wartete erst mal ab.

**ALSO, D'ANNI HAT GSAGT,
WENN IHR MANN LÄNGER GELEBT HÄTT,
TÄT SIE HEUT EINE HÖHERE RENTE KRIEGEN,
ABER SO, SAGT SIE,
MACHT'S IHR AUCH NIX AUS …
GERHARD POLT**

Als ich überlegte, welchen Farbton die Angst vor dem Verlassenwerden auf meiner Palette hätte, wurde mir klar, dass sich Spuren einer anderen Nuance hineinmischten: der Angst, nicht gut genug zu sein.

Die alte Leier mal wieder!

Im Grunde war die Befürchtung, nicht gut genug zu sein, für mich fast schon eine Tatsache. Spiritualität hin oder her, etwas in mir trat den Selbstwert zuverlässig mit Füßen. Die Frage war, ob ich damit weitermachen wollte oder nicht.

Im Beruf ist man hin und wieder weiser als mit sich selbst. Ob ich Bösewichter zu spielen habe oder glühende Liebhaber, ich folge dabei immer einer Regel: Ich bemühe mich, die Figur zu lieben und sie zu verteidigen. Ich lege ihr den schützenden Brudermantel um, diese Aura aus Verständnis und Akzeptanz. Dann nehme ich mich selbst zurück.

Dass meine Liebe bei den Charakterrollen liegt, ist kein Geheimnis. Mir im Jahr 2014 Franz Josef Strauß für das Fernseh-

Preisgekrönt: Bambi für die Darstellung von
Franz Josef Strauß in »Die Spiegel-Affäre«

Drama *Die Spiegel-Affäre* zu erarbeiten, war höchst komplex. Politisch umstritten, war er doch ein liebevoller Familienvater gewesen, ein Mensch mit Gefühlen, voller Lust an der Provokation, mit festen Vorstellungen, doch auch mit Visionen, Utopien gar.

Als ich 2016 Hermann Göring im Doku-Drama *Der gute Göring* spielte, kämpfte ich ungleich mehr damit, mich der Figur anzunähern. Ein Monstrum, das seine hohe Intelligenz dafür einsetzte, die Menschen zu verblenden, koste es, was es wolle. Das sich an den Juden schändlich bereicherte und infolge seiner Morphiumsucht später gänzlich den Realitätssinn verlor. Ein menschliches Ungeheuer – das dennoch Liebe für die eigene Familie aufbrachte.

Was ich sagen will: In meinem Beruf suchte ich auch dort nach einem Funken Licht, wo Finsternis herrschte. Und was mich anging? Da hatte ich kaum ein gutes Wort übrig.

Kein Wunder, dass die positiven Affirmationen, die ich eifrig wiederholte, nicht fruchteten. Hätte ich sie einem Realitätscheck unterzogen, dann hätte ich gleich gemerkt, dass sie mir nicht standhielten ... oder vielmehr dem verzerrten Bild nicht standhielten, das ich mir von mir selbst machte.

Es half wohl alles nichts. Wenn ich dieses Bild entzerren, wenn ich frei sein wollte, dann musste ich im Keller meines Unterbewusstseins noch einige Stufen tiefer steigen.

LOCKDOWN, DER ZWEITE

Wieder zogen die Leute los, in Italien kauften sie Wein, in Frankreich Kondome, in den Niederlanden Marihuana und in Deutschland Klopapier. Immerhin waren wir nicht die Einzigen, sogar die hyggeligen Skandinavier schlugen bei den papiernen Rollen zu.

Papier brauchte ich auch, allerdings zum Schreiben und Malen.

Es war drei Uhr nachts, als ich nackt in meinem Wohnzimmer stand und ein großes Bild malte. Die Musik lief, es war mir egal, ob die Nachbarn sich beschwerten. Sollten sie doch Sturm klingeln, ich würde sie einladen, mit mir Champagner zu trinken und den Moment auf die Leinwand zu bannen. Vorzugsweise nackt.

AND THOSE WHO WERE SEEN DANCING
WERE THOUGHT TO BE INSANE
BY THOSE
WHO COULDN'T HEAR THE MUSIC ...

▬

Ich hatte plötzlich Spaß daran, wieder Formen aufzubrechen und bunte Knallfarben zu verwenden. Wenn ich wegen des vermaledeiten Lockdowns schon nicht spielen konnte, dann wollte ich eben tanzen und malen. Ich war voll und ganz in meinem Element. Nach einer gefühlten Ewigkeit sank ich, etwas atemlos und über und über mit Acrylfarben bekleckert, auf mein Sofa. Plötzlich musste ich lachen und dachte: Wie geil, wenn die Leute dich sehen könnten, die würden dich glatt wegsperren.

Als sich mein Atem beruhigte, spürte ich, wie die Euphorie mich langsam verließ.

Worauf wartest du?, fragte ich mich. Du weißt es doch besser!

Ich griff zu meinem Handy und öffnete die App der Oneness Academy; ein Jahr zuvor hatte ich in den USA ein Seminar dort absolviert. In der App waren unzählige Meditationen zu finden. Kurze, lange, in zig Sprachen. Eine fiel mir sofort ins Auge: SOUL SYNC. Das ist es, dachte ich. Eine kraftvolle Mediation, mit deren Hilfe man Klarheit erfährt und Herzenswünsche manifestiert. Es gelang mir erstaunlich gut, mich auf den Atem zu konzentrieren. Die beruhigende Stimme von Preethaji führte mich tiefer und tiefer in meine Seele hinab, in das goldene Meer zwischen zwei Atemzügen. Dann geschah etwas ganz Außergewöhnliches. Obwohl ich mich in der friedlichen Stille befand, wo man sonst die »Absicht des Herzens« in sich findet, wurde ich von einer Welle der Trauer erfasst. Doch gleichzeitig fühlte es sich an, wie nach Hause zu kommen. Es hatte etwas ganz und gar Versöhnliches. Beinahe, als würden Engel um mich herumschweben und mir zuflüstern: »Es ist alles gut, wir sind bei dir. Du bist beschützt, vertraue uns ...«

Mir fiel es plötzlich wie Schuppen von den Augen. Gewusst hatte ich es schon immer, dass ein Bezug zwischen meiner Internatszeit und den gescheiterten Beziehungen bestand. Doch ab und an gibt es diesen Moment, wo man etwas nicht nur rational versteht, sondern wo aus einem Gedanken eine Erkenntnis wird. Wo man mit einem Mal die ganze Tragweite erfasst. Und so ein Moment war jetzt.

Als ich die Augen öffnete, schienen die Farben heller zu leuchten, auch die auf meiner Haut.

Eine Weile spürte ich den Gefühlen und Gedanken in meinem Inneren nach, ohne sie zu bewerten. Und dann wusste ich, was zu tun war.

Ich stand auf, kramte mein Tagebuch hervor und begann zu schreiben.

Stille finden in der Meditation: mit Preethaji von der Oneness Academy

Nachdem ich die Zeilen zu Papier gebracht hatte, überkam mich eine tiefe innere Ruhe. Doch etwas fehlte noch. Und auch dies wurde mir mit einem Mal klar.

Ich riss die Seite heraus. Dann griff ich nach den Streichhölzern auf dem Tisch und nahm das Blatt Papier zur Hand. Nackt wie ich war, trat ich auf die Terrasse. Die Nacht roch kühl, die Luft war eisig auf meiner Haut. Der Mond, die Sterne, Jupiter, Saturn und Mars blickten argwöhnisch auf mich herab. Ein letztes Mal las ich die Zeilen, dann atmete ich tief ein und zündete ein Streichholz an. Die Flamme züngelte nach dem Papier, fraß und schwärzte es, verwandelte es nach und nach in Asche. Ich übergab meine Zeilen dem Wind.

In den darauffolgenden Tagen war ich wie euphorisiert. Etwas in mir hatte sich energetisch verändert.

Eines Morgens klingelte mein Handy – ein alter Kumpel aus dem Internat war dran, von dem ich seit Jahren nichts mehr gehört hatte. Es fühlte sich an, als hätten wir tags zuvor noch ausgiebig geredet. Diese Vertrautheit, das Lachen über die gleichen Witze, die Anekdoten und das gegenseitige Updaten taten richtig gut. Im Verlauf des Gesprächs erfuhr ich von ihm, dass unser Internat abgerissen worden war.

Was?

Ich konnte es nicht glauben. Wann, wollte ich wissen, und wieso? Doch er wusste nichts Genaueres.

Mich ließ das Thema nicht los. Ich hörte nur noch mit halbem Ohr zu, während er von seinen schrumpfenden Weinvorräten erzählte. Es war ja noch Lockdown.

In mir war ein seltsames Gefühl, eine Melange aus Frustration und Erleichterung. So ähnlich, als hätte ich einen Menschen wegen vergangener Taten konfrontieren wollen und hätte erfahren, dass er längst nicht mehr lebte. Klar, das Internat war bloß ein Gebäude. Aber es stand für all das, was mir dort widerfahren war.

Kaum hatte mein Kumpel aufgelegt, zog ich mir die Jacke an. Und ehe ich mich versah, saß ich im Auto und fuhr die Allee entlang in eine verdrängte Vergangenheit.

Als ich auf den Parkplatz zu dem Gymnasium einbog, das zum Internat gehört hatte, fühlte ich, wie mein Herz pochte. Ich kam mir vor wie ein Schüler, der zu spät gekommen war und Angst hatte, in die Ecke gestellt zu werden. Ich fragte mich, wie es sein konnte, dass ich nach so vielen Jahren immer noch in derart verkorksten Zeitschleifen feststeckte. Ich musste mich regelrecht überwinden und ging ganz bewusst die Stufen zum Schulhof hoch, eine nach der anderen. Dort erkannte ich die Bäume wie-

TAGEBUCH

Liebes Internat,

ich habe heute erkannt, dass Du damals nicht
anders konntest, weil Du es nicht besser
wusstest.
Ich vergebe Dir, meinen Eltern, meinen Lehrern
und allen Mitschülern all die Verletzungen, die
ich erleiden und ertragen musste, ohne dass ihr
es wolltet. Ohne dass ihr es wusstet.
Ich vergebe auch mir selbst für die Verletzungen, die ich bewusst oder unbewusst anderen
zugefügt haben mag. Wir waren Kinder unserer
Zeit, gefangen in uns selbst, wie ein Floß
auf hoher See, das dem Sturm trotzen will,
das dennoch zerschmettert wird und langsam
auseinanderbricht.
Früher hieß es immer: »Rette sich, wer kann«,
heute sage ich: »Bruder, Schwester, Freund,
hast auch Du es überlebt?«
Lass uns einander in den Arm nehmen, uns spüren
und einander vergeben.
Ich liebe Dich, und ich liebe mich.

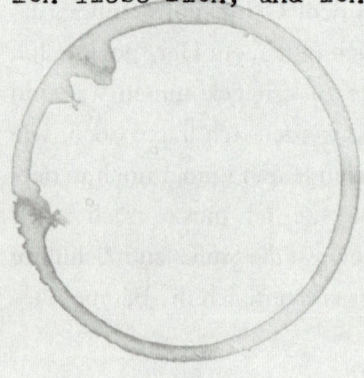

der, die wir damals in einer Schulaktion selbst gepflanzt hatten und die inzwischen hoch in den Himmel ragten. Prächtig sahen sie aus; sicher spendeten sie in den Pausen den Kindern wohltuenden Schatten und lauschten ihren Geheimnissen. Das Schulgebäude wirkte auf mich seltsam klein, beinahe wie eine Trutzburg. Dann blickte ich nach rechts, wo ich das Internat wähnte. Doch es stand nicht mehr da. Tatsächlich war es einfach abgerissen worden.

Von all den Erinnerungen waren in diesem Augenblick nicht mehr als ein paar Hügelchen Steine, Schutt und Eisenstangen übrig. So war das Leben in seiner banalen Wahrheit. Asche zu Asche, Staub zu Staub.

Mit einem Mal spürte ich eine unglaubliche Leichtigkeit in mir aufsteigen. Ich hätte auf den Ruinen tanzen können. Es fühlte sich an, als wäre eine tonnenschwere Last von meinen Schultern genommen. Ich war tatsächlich frei!

Ich ging hinüber zu einem der Schutthaufen, überlegte kurz, dann nahm ich einen Stein auf und dachte: als Erinnerung. Im nächsten Moment drehte ich mich um, lief zum Wagen und fuhr, ohne einen Blick zurückzuwerfen, in die Freiheit.

Als mein Blick den Stein auf meinem Beifahrersitz streifte, hatte ich eine Idee. Ich bog in eine Seitenstraße und hielt vor dem ehemaligen Haus des Heimleiters. Am Klingelschild stand jetzt ein neuer Name, der mir unbekannt war.

Ich nahm den Stein, sah ihn an und dachte mir: Den brauche ich nicht mehr.

Von jetzt an wollte ich nur noch schöne Erinnerungen aufbewahren. Ich legte den Stein oben auf die Gartentür und machte meinen Frieden.

Kaum dass ich wieder ins Auto stieg, riss die Wolkendecke auf, und die Sonne lachte mich an. Ich beschloss, einen Abstecher in die Berge zu machen. Zwischen Himmel und Erde wollte ich meinen Träumen zuflüstern, wie dankbar ich ihnen war, dass ich sie haben durfte …

Eine Stunde später erreichte ich den Parkplatz, von wo aus es zu meinem Hausberg ging. Ich war gerade ausgestiegen, als ein Polizist auf mich zuhielt. Ich streifte rasch meine Maske über. Er wollte meine Papiere sehen und fragte, was ich hier denn wolle mit meinem Münchner Kennzeichen.

»Sie san da heraußen aber sehr weit weg vo Minga!«

»Richtig, ich geh auf'n Berg«, sagte ich.

»Des is fei verboten!«

»Wieso?«, gab ich zurück. »Glauben Sie, der Berg könnt sich anstecken?«

»Naa«, brummte er und wechselte ins Hochdeutsch, damit ich ihn auch ja verstand. »Aber wenn Ihnen was passiert, binden Sie Einsatzkräfte für Ihre Rettung, die anderswo dringend gebraucht werden.«

»Das leuchtet mir ein, und ich versichere Ihnen, ich habe weder vor, heute zu verunglücken, noch einen Rettungseinsatz auszulösen«, beteuerte ich. »Doch ich bereite mich auf den Kilimandscharo vor, und im Englischen Garten gibt es keine Berge.«

Der Polizist sah mich schräg an. »Aber Sie sind allein.«

»Ich bin nicht allein, Herr Polizeihauptwachtmeister. Gott führt meinen Weg, und ich bin gleich mit einem Zug Gebirgsjäger verabredet. Wir machen das öfter und sind sehr geübt im Gelände.«

Argwöhnisch drehte er den Kopf. »Wo san denn da Gebirgsjäger?!«

»Überall, Sie sehen sie nur nicht …«, sagte ich konspirativ.

Suchend sah er sich um. Ich nutzte die Gunst des Augenblicks und nahm meine Maske ab. Im nächsten Moment hatte er mich erkannt.

»Ach, Sie san des!«

»Ja, ich bin des.«

»Sie, meine Frau ist ein Riesenfan von Ihnen, bekomm ich a Selfie, des glaubt die mir sonst nie ...«

»Na klar.«

Der Polizist holte sein Handy aus der Tasche, zog sich die Maske runter und beugte sich grinsend zu mir. Dann drückte er auf den Auslöser.

»Mei, danke, des is wirklich nett von Ihnen.«

»Gern geschehen«, sagte ich. »Und was machen wir zwei jetzt?«

Er musste nicht lange überlegen. »Sie gehn auf den Berg und lassen sich nicht erwischen!«

Ich schmunzelte. »Wenn Sie mich nicht verraten, waren wir beide niemals hier.«

Als er zu seinem Dienstwagen ging, hörte ich seinen Kollegen rufen:

»Wieso lässt du den gehen?! Wer is des?«

»Gebirgsjäger.«

»Wo san denn hier Gebirgsjäger?«

»Überall, mir sehn's bloß ned.«

DER BERG RUFT

///////

Das Leben in dir braucht keinen Sinn;
es braucht Überschwang an Erfahrung.

Sadhguru

/////// **Wenn wir verliebt sind, ist die Welt rosarot, und selbst die tris-
teste Umgebung scheint in allen Farben zu leuchten.** Dieses Gefühl ist
magisch, erhebend; und je tiefer wir es empfinden, desto mehr
Leichtigkeit stellt sich in uns ein.

In Arizona hörte ich Sadhguru, einen weisen indischen Lehrer, über die Liebe referieren. Er sprach über die emotionale Süße,
die in uns aufsteigt, wenn wir an den Menschen denken, den wir
lieben. Ein Ausdruck, der sogleich einen Widerhall in mir fand.
Dieses Dauerlächeln, das alle Härte, allen vergangenen Schmerz
wegwischt, die innige Verbundenheit, das Eins-Gefühl … Doch
wenn man diese Art zu lieben genau betrachtet, so Sadhguru,
dann erkennt man, dass man letztlich einen anderen Menschen
als Schlüssel benutzt, um das Gefühl der Süße in sich selbst zu erleben.

Zum Abschluss seiner Lektion stellte Sadhguru eine Frage:
Weshalb brauchen wir einen Schlüssel, wenn es weder ein Schloss
noch eine Tür gibt oder sonst irgendeine Form von Hindernis?

★ ★ ★

EIN AUGENBLICK DER KRAFT

Während ich die beiden Ordnungswächter auf dem Parkplatz hinter mir ließ, dachte ich über Sadhgurus Worte nach. Ich war
immer überzeugt davon gewesen, ich würde diese emotionale
Süße brauchen, um große Ziele zu erreichen. Einen Menschen,
der mich bedingungslos liebt. Es ist die Liebe, die sprichwörtlich
Berge versetzen kann, die Völker vereint, Frieden und Leben
schafft.

Ich spürte Einsamkeit in mir aufsteigen. Meine Augen röteten sich, ich schluchzte. Und schon war das Gefühl der Freiheit vergangen, fortgeweht wie ein Blatt im Wind. Hatten meine inneren Errungenschaften denn so wenig Substanz? In diesem Moment, in dem ich mal wieder dicht davorstand, mich selbst runterzumachen, spürte ich, dass ich hier und jetzt eine Entscheidung treffen konnte: mich dem Selbstmitleid hinzugeben und mich mit jedem Schritt ein Stück mehr herabzusetzen – oder aber meine Achtsamkeit dem Moment zu widmen … dem Duft des Harzes in meiner Nase, dem Glitzern der Spinnweben im einfallenden Licht.

NOTIZ AN MICH

Wenn du meinst, dass keiner dich liebt,
dann erinnere dich dran: Das Wichtigste ist,
selbst liebevoll zu sein.

Als ich mich für den Moment entschied, fühlte ich eine unbändige Kraft in mir aufsteigen. Meine Wahrnehmung wurde intensiver. Die Farben waren nicht rosarot, nein, doch das Grün um mich herum strotzte plötzlich vor Leben. Ich öffnete die Sinne … und spürte die Einheit des Lebens hier im Wald. Eine Einheit, die mich aufnahm, deren Teil ich wurde.

Es war nur ein Moment, doch Zeit ist relativ; für mich fühlte er sich an wie Äonen.

Während ich weiterging, lief meine Kindheit vor meinem inneren Auge ab wie ein Film. Wenn wir im Herbst das Laub in seinen

Feuerfarben zusammentrugen, mannshohe Haufen aufschichteten und uns dann mit Anlauf hineinwarfen, vergaßen wir uns selbst. Die Luft roch feucht und würzig, ein Fest für die Sinne und zugleich ein Zeichen der Vergänglichkeit. Wer sonst als die Natur könnte uns lehren, dass alles entsteht und wieder vergeht? Natürlich dachten wir nicht über die Naturgesetze nach, wenn wir uns unter lautem Gegröle in die Laubhaufen gruben. Wir dachten auch nicht darüber nach, wie Gletscher das Land geschaffen hatten, auf dem wir spielten. Welche Macht Gestein hat und dass Wasser noch mächtiger ist, weil es selbst den härtesten Stein bezwingt.

Kraftquelle Natur: unterwegs in den bayerischen Bergen

EMPTY YOUR MIND, BE FORMLESS,
SHAPELESS, LIKE WATER (...)
BE WATER, MY FRIEND.
BRUCE LEE

—

Wir lebten einfach den Augenblick in seiner ganzen Kraft.

Jetzt, wo ich einen Fuß vor den anderen setzte, spürte ich, dass ich andocken konnte an die Lektionen, welche die Natur mir ganz nebenbei geschenkt hatte. Alles war vergänglich. Ein Verlust war nicht das Ende, er war ein neuer Anfang. Menschen, auch Partner, waren Weggefährten. Ein Pfad konnte sich teilen; vielleicht begegneten sich beide wieder, oder es warteten andere Abenteuer, andere Begegnungen auf dem Weg …

Beinahe wie aufs Stichwort teilte sich hinter der nächsten Biegung der Weg. Rechter Hand verbreitete er sich und lief sanft hangabwärts auf eine weite Wiese zu. In ihrer Mitte stand eine alte Eiche, die mich an den Baum meiner Kindheit erinnerte. Wenn ich als Sechsjähriger das Ohr an ihren Stamm legte, meinte ich sie flüstern zu hören. Heute weiß ich, dass die Bäume des Waldes über die Wurzelfäden und das Myzel miteinander über große Entfernungen hinweg auf höchst komplexe Weise kommunizieren. Bäume können sich auch über die Luft verständigen, indem sie Duftstoffe freisetzen, um ihre Artgenossen vor gefräßigen Raupen und anderen Gefahren zu warnen. Je nach Art stehen »Elternbäume« mit ihren »Kindern« ebenso in Verbindung wie Säugetiere und viele andere Lebewesen. Wenn beispielsweise der Borkenkäfer einfällt, beschließen Bäume untereinander, welcher von ihnen sich opfert und abstirbt. Nur weil wir verlernt haben, die Sprache der Bäume zu deuten, heißt es nicht, dass sie stumm sind. Sie sind ein wichtiger Teil unseres planetarischen Zusammenlebens.

Wir sollten mehr Aufmerksamkeit darauf verwenden, was tatsächlich unter unseren Füßen geschieht, um zu begreifen, was um uns herum passiert, dachte ich, während ich den unwegsamen Pfad zu meiner Linken nahm, der steil und steinig war und mich tiefer in den Wald hineinführte, dorthin, wo es dunkel war. An anderen Tagen hätte ich mich, je nach Begleitung, vielleicht verleiten lassen, den lichten Weg zu nehmen. Doch ich kannte mich ja, ich brauchte ein Quäntchen Drama, brauchte die Herausforderung, um den Sieg über Hindernisse feiern zu können. Zugleich wusste ich: Diese Wanderung in Zeiten des Lockdowns war ein Geschenk. Und so schlug ich mich wie Winnetou und die Helden meiner Kindheit durchs Dickicht.

ZWISCHEN HIMMEL UND ERDE

Wie wichtig es ist, achtsam in der Gegenwart zu sein, wurde mir schmerzhaft bewusst, als ich, in Erinnerungen versunken, auf eine moosbewachsene Wurzel trat. Im nächsten Moment geriet ich ins Rutschen und landete unsanft auf dem Hosenboden. Der Berg verzeiht keine Fehler, lautet die erste Lektion, die meine Gebirgsjäger mir mit auf den Weg gaben.

Während ich mich aufrappelte, bemerkte ich, dass ich durch das Gespräch mit dem Polizisten völlig vergessen hatte, meine Stöcke und meine Spikes mitzunehmen. Ich ärgerte mich über meine Schusseligkeit. Doch jetzt noch mal zurückgehen? Nein, dachte ich mir. Wenn ich ab jetzt vorsichtiger wäre, würde schon alles gut gehen. Also stapfte ich weiter, Schritt für Schritt, und ergötzte mich bisweilen an atemberaubenden Blicken ins Tal. Die Temperatur fiel, je höher ich stieg. Durch die körperliche Anstrengung machte es mir jedoch nichts aus.

TAGEBUCH

Sedona, 20.01.2018

Endlich wieder in Arizona! Ich war zuletzt hier
als junger Mann nach dem Abitur, in der Heimat
der Apachen, meiner großen Idole. Man wünscht
sich immer, im Leben auf der Seite der Guten
zu stehen. Doch wer bestimmt, wer gut und wer
böse ist? Wenn es ein früheres Leben geben
sollte, so hoffe ich, auf der Seite der Native
Americans gekämpft zu haben. Naturvölker
haben auf intuitive Weise einen Zugang zu den
Weisheiten der Natur, die sich die Wissenschaft
noch immer erschließt. Ein Leben im Einklang
mit Pflanzen und Tieren, verbunden mit den
Göttern, den Sternen und der Erde ... ein
Gedanke, der fast Heimweh in mir auslöst.
Für mich zählen Utah und Arizona zu den
stärksten Kraftorten, an denen ich je gewesen
bin. Ich habe alle heiligen Orte besucht, die
ich aus der Vergangenheit kannte und die mich
innerlich anziehen. Painted Desert und die
Havasu Falls, natürlich den Grand Canyon,
Devil's Bridge, das Chiricahua National
Monument, die Red Rocks und den Petrified
Forest, wo riesige versteinerte Bäume Millionen
Jahre alte Zeitzeugen sind. Es war eigentüm-
lich, meine Familie nicht dabeizuhaben ...
Gestern zündete ich eine Kerze für meine

beiden Kinder und meine Ex-Frau in der Heilig-
Kreuz-Kapelle an und bat Gott, sie immer zu
beschützen.

Der Ort meiner nächsten tiefgründigen Erfahrung
war eine Chanting-Meditation in Sedona, einem
spirituellen Ort etwa zwei Stunden von Phoenix
entfernt.
Beim Klang der geheiligten Silben glitt ich
in eine tiefe Trance. Irgendwann fingen mich
die Traumgespinste ein. Ich schwamm in einem
goldenen Ozean. Dort begegnete ich meinen
verloren geglaubten Wünschen und schrieb sie
auf, mit der Tinte eines Oktopusses ...

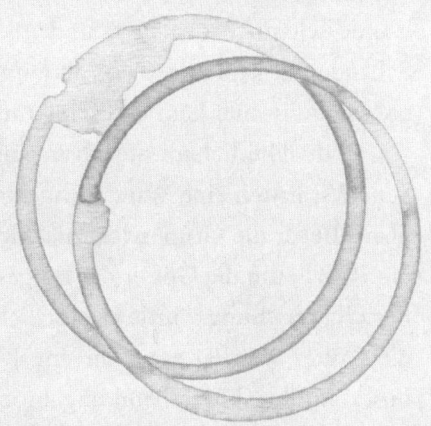

Endlich erreichte ich die Baumgrenze, hier wurde der Boden felsig und schroff. Ich hob den Blick und war ergriffen, als das Massiv des Karwendelgebirges sich majestätisch vor mir auftat. Diese Urkraft der Berge, die ich schon so manches Mal empfunden hatte, war auch an diesem Tag überwältigend. Juchzend ließ ich einen echten Juchzer los, der im Felsmassiv widerhallte. Ich atmete durch und machte mich beschwingt auf in Richtung der schneebedeckten Fläche, die zwischen mir und dem Berg lag. Doch je weiter ich ging, desto merkwürdiger wurde die Stille, die mich umgab. Mit einem Mal fröstelte ich. Das Schneefeld entpuppte sich als gewaltiger Abgang einer Lawine. Ich fühlte mich zwergengleich, als ich ungeschickt zwischen mehrere Meter hohen Eisbrocken umherkletterte, die wie von der Faust Gottes zerschmettert, chaotisch aufgetürmt und ineinander verkeilt waren. Mir wurde bewusst, mit welcher zerstörerischen Urgewalt sich hier die Natur ihren Weg gebahnt hatte. Alles Leben musste im Augenblick der Katastrophe zwangsläufig ausgelöscht worden sein.

Mein Mund wurde trocken, und ich machte eine Pause, um etwas Wasser zu trinken. Als ich den Rucksack von den Schultern nahm, bemerkte ich, dass das Karwendelmassiv plötzlich tiefschwarz geworden war. Ich fühlte mich durch die riesigen Felswände seltsam beobachtet, und mich durchlief ein eigenartiger Schauder. Es kam mir so vor, als raunte der Berg: »Kehr um, Francis! Heute ist hier kein guter Tag für dich!«

Unwillkürlich musste ich an eine Reise nach Guatemala denken. Wir hatten eine Wanderung auf den Vulkan Acatenango geplant. Bevor die Gruppe losmarschierte, vollführte ein Schamane ein Ritual, um die Götter des Berges milde zu stimmen. Zu meiner Überraschung wurde er plötzlich ganz aufgeregt und meinte, die Götter würden es an diesem Tag nicht erlauben. So wurde unser Ausflug kurzerhand abgebrochen. Wenig später erfuhren wir, dass ein gewaltiger Steinschlag niedergegangen war und einen Teil unseres Wanderwegs zerstört hatte.

Argwöhnisch sah ich mich um, während ich meine Wasserflasche zuschraubte und im Rucksack verstaute. Kein Mensch, kein Tier weit und breit. Auch mein Handy streikte, hier gab es keinen Empfang. Abermals blickte ich auf das dunkle Massiv und spürte erneut einen merkwürdigen Schauder. Wie hieß es so schön? »Wo ein Wille ist, da ist auch ein Weg«, oder »Wenn es keinen Weg gibt, dann bauen wir einen« ...

Ich schulterte den Rucksack und streckte mich. Heute, so beschloss ich, würde ich die Warnzeichen ernst nehmen. Ich verneigte mich ehrfürchtig vor dem Berg und signalisierte ihm mit einer versöhnlichen Geste, dass ich verstanden hatte und umkehren würde. Als ich über das Lawinenfeld zurückkletterte, war mir, als spürte ich die Blicke der Berggeister in meinem Rücken. Ich hatte plötzlich Angst, mich umzudrehen, nahm die Beine in die Hand und eilte hinab in Richtung Parkplatz. Tief atmete ich durch. Was war das denn gewesen?

Die Polizisten waren längst weg und die Gebirgsjäger an diesem Tag nie da gewesen. Das Merkwürdige allerdings sollte noch geschehen, denn als ich den Rucksack und die Bergschuhe im Wagen verstaute, rief mein Freund Sandro an, Oberstabsfeldwebel vom Stützpunkt.

»Francis, ist alles in Ordnung bei dir? Ich hatte gerade ein seltsames Gefühl. Du bist doch nicht allein im Berg, oder?!«

Und ich hörte mich sagen: »Quatsch, Mann, ich bin doch nicht lebensmüde.«

»Gott sei Dank!« Sandro klang erleichtert. »Sag, mein Freund, wann greifen wir wieder an?«

»So bald wie möglich. Bin bereit für unsere nächste Bergtour!«

Kommunikation, ob von Baum zu Baum, von Mensch zu Mensch oder von Berg zu Mensch, nimmt oft eigenwillige Wege. Der Anruf meines guten Freundes hatte etwas in mir berührt. In einer Welt, die immer einsamer wurde, wog das Zeichen seiner Fürsorge vieles an Enttäuschungen auf.

Und noch etwas wurde mir klar. An diesem Tag war zwar keine Lawine und auch keine Moräne runtergekracht, aber ich hatte meine Grenzen gespürt und die Signale ernst genommen. Es war neu für mich, Nein zu sagen, darin war ich wirklich nicht gut, nicht mal zu mir selbst. Dass ich nun damit anfing, auf mich hörte, nach mir schaute, wertete ich als höchst positives Zeichen. Ich war es mir wert, dass es mir gut ging … Ein Satz, den ich Monate zuvor höchstens in einer meiner Rollen hätte sagen können.

Letztlich ist es mit der Fürsorge wie mit der Liebe: Wir müssen bei uns selbst beginnen. Als kleiner Junge hatte ich die Fürsorge meiner Eltern genossen, meinen Kindern hatte ich sie zurückgeschenkt. Und was den erwachsenen Francis anging? Da war es an der Zeit, nicht länger auf Wunder von außen zu warten, sondern liebevoll nach mir selbst zu schauen. Warum, fragte ich mich, fällt uns Menschen das so schwer? Warum verschließen wir all unsere Sinne vor den eigenen Bedürfnissen und ignorieren sie? Warum sagen wir ständig Ja, wenn wir längst nicht mehr können? Warum achten, ja, feiern wir uns dafür, wenn wir Unmögliches wahr werden lassen und doch tief innen wissen, dass wir eines Tages den Blutzoll dafür werden entrichten müssen?

UNSER SCHLACHTFELD LIEGT NICHT AUSSERHALB,
SONDERN INNERHALB VON UNS SELBST.
DALAI LAMA

———

Es war an der Zeit für mich, zu lernen, wo der Grat zwischen Egoismus und Selbstfürsorge liegt. Ich ahnte schon, dass ich auf diesem Weg aufs Neue hin und wieder grandios scheitern würde. Doch das war ein Gedanke, der mir längst keine Angst mehr machte.

AWAKENING

///////

Es ist noch nicht alles vorbei. Alles ist nicht erfunden, das menschliche Abenteuer fängt gerade erst an.

Gene Roddenberry

///// **In Krisenzeiten ziehen wir Menschen uns zurück, nehmen uns raus aus dem Spiel des Lebens.** Oder wir suchen nach Halt, wünschen uns jemanden, der uns an die Hand nimmt und sagt, wo es langgeht. Oft sind es die starken Führungspersönlichkeiten, deren Stunde schlägt, wenn alles zusammenbricht. Doch mit Führern sind wir in diesem Land nicht gut gefahren. Und überhaupt, ich denke, es ist an der Zeit, bei uns selbst zu beginnen und Verantwortung für uns und diese Welt zu übernehmen.

Der inneren Führung habe ich lange nicht vertraut. Zu groß war meine Sorge, sie könnte nicht verlässlich sein. Oder sie könnte mir am Ende dazu raten, das aufzugeben, woran ich krampfhaft festhielt.

Inzwischen hat sich das gewandelt. Ich habe gelernt, der inneren Stimme zuzuhören, ihr zu vertrauen. Auch wenn ich hin und wieder meinen eigenen Kopf habe und unbedingt durchsetzen muss, was ich mir vorgenommen habe, auf eigene Gefahr sozusagen.

Einer Sache aber bin ich mir ganz sicher: dass das Universum mir Fußtritte verpassen wird, wenn ich noch einmal vergessen sollte, was wirklich essenziell ist in diesem Leben.

EIN GUT GEZIELTER TRITT IN DEN HINTERN KANN ALLE WELT ZUM LACHEN BRINGEN. WIE WAHR DAS IST. ES GIBT EINE GANZE SKALA, EINE WISSENSCHAFT, EINEN WAHREN STIL DER FUSSTRITTE IN DEN HINTERN.
AUS: KINDER DES OLYMP

———

Ich bin gut genug so, wie ich bin: Das ist meine Wegmarke. Und von diesem Punkt aus marschiere ich los, um neue Erfahrungen zu sammeln. Mich auszutauschen, mich an etwas aufzureiben, mich weiterzuentwickeln. Ein bisschen unsicher bin ich schon, ob ich auch nicht aus dem Tritt gerate, wenn das Gelände mal wieder unwegsam wird. Aber ich habe die richtige Ausrüstung dabei, in mir drinnen. So viel weiß ich jetzt.

WER BIN ICH?

Als ich Ängste losließ, taten sich Räume in mir auf, die ebenso leer wie gewaltig waren. Das Größte war: Ich musste sie nicht gleich wieder mit Erwartungen und Vorstellungen füllen, sondern konnte sie fürs Erste so lassen, wie sie waren: offen.

Ich beschloss abzuwarten, was das Leben an Möglichkeiten und Begegnungen in meine Richtung spülte. Derweil säte ich meine Träume aus:

Da waren meine Kinder. Natürlich hatte ich Angst gehabt – und spüre sie noch, wenn auch nicht mehr so übermächtig –, dass wir uns entfremden würden. Doch ich hatte meine eigenen Erfahrungen als Scheidungskind gemacht und war meinen Eltern tief verbunden. Ich konnte nur hoffen, dass ich immer da sein würde, wenn meine Kinder mich brauchten, und dass ich keine Zeichen übersehen würde, wenn sie es mir nicht mit Worten sagten. Ansonsten würde ich die Liebe, die ich für sie empfand, wirken lassen. Diese Kraft, die letztlich keine Entfernung und keine Hindernisse kennt.

Dann gab es den Wunsch, so geliebt zu werden, wie ich bin ... Vielleicht würde sich dieser Traum »nur« auf spirituellem

TAGEBUCH

Miami, UPW

Tag 2

Tony hat heute von den sechs universellen,
menschlichen Bedürfnissen gesprochen. Er sagt,
wir Menschen tragen alle eine bestimmte Anzahl
von Grundbedürfnissen in uns. Diese heißen
Sicherheit, Unsicherheit (Vielfalt), Bedeutung,
Verbindung (Liebe), Wachstum und Beitrag. Wobei
die letzten beiden, also Wachstum und Beitrag,
als spirituelle Komponenten gelten. Ob eine
Liebesbeziehung oder ein Geschäft von Erfolg
gekrönt sind, hängt maßgeblich davon ab, dass
mindestens drei dieser sechs Grundbedürfnisse
übereinstimmen.

Zum Beispiel:
Wenn für A
• Liebe   • Wachstum   • Bedeutung

am wichtigsten sind (in der Reihenfolge)
und für B
• Sicherheit   • Beitrag   • Vielfalt -

dann werden die beiden vermutlich nie zusammenkommen.
Ein spannender Ansatz. So habe ich das noch nie
gesehen. Sollte es wirklich so einfach sein,
Beziehungen und Geschäfte zu analysieren?
Aber wer sagt, dass es immer kompliziert sein
muss?

Gebiet erfüllen. Dann würde ich zwar niemanden haben, mit dem ich im Alter auf der Bank vorm Haus sitzen würde, Hand in Hand, mit Blick auf den See, den Wald. Aber ich würde tiefe Begegnungen haben, die mich berührten, und die Möglichkeit, etwas zu geben. Es würde schon richtig kommen, sagte ich mir.

Und da waren noch andere Träume, die ich aussäte. Rollen, die ich spielen, Kollegen, mit denen ich filmen wollte. In mir fand ich den Wunsch, wieder auf der Bühne zu stehen, als älterer Schauspieler, der den jungen Kollegen das Heldentum überließ.

Und ich säte den Wunsch nach Herausforderungen aus, die ich annehmen und bestehen würde.

Ich war mir sicher, ich würde es auch zum Mount Everest Base Camp schaffen. Eine Nummer kleiner geht es jedenfalls nicht, denn ich brauche die Herausforderung, muss mich reiben an dem, was gerade noch geht und was nicht. Muss das Leben spüren. Muss über schmale Grate wandern, mit nichts als dem spirituellen Netz tief unter mir.

Ich säte auch den Wunsch aus, spirituell zu wachsen. Denn das ist das Ass im Ärmel, das wir Grenzgänger im Leben brauchen. Jenes Netz, das mich auffangen würde, wenn ich aufs Neue fiel.

Nicht, dass ich es bereits plante. Seit geraumer Zeit war ich hellhöriger geworden, was die Zeichen des Universums anging: kleine Misstöne im großen Klang, die mich dazu aufforderten, genau hinzuhören. Das war neu und anders als früher, als ich alles getan hatte, um mein Leben nach den Wünschen und Bedürfnissen anderer zu formen – als ich Schippe um Schippe nachgelegt hatte, immer das volle Verwöhnprogramm, die Charmeoffensive, das Sichanbiedern gar. Doch ich musste niemanden mehr überzeugen und nichts über den Zaun brechen, denn ich hatte begriffen, dass manche Dinge Zeit brauchen und mich sowieso einholen würden, wenn sie mir entsprachen und wirklich zu mir passten.

Das mag abgehoben klingen, doch nein, das bin ich nicht. Der Kummer und das unbedingte Gefallenwollen haben eine gewisse Unsicherheit in mir zurückgelassen, als sie sich zurückgezogen haben. Unsicherheit, wie ich als Mann in der heutigen Zeit sein darf. Ich frage mich nicht mehr ständig, ob ich so, wie ich bin, genug bin. Stattdessen hinterfrage ich, ob ich so, wie ich bin, authentisch bin. Ich halt, der Francis.

Aber wer bin ich überhaupt?

Auf der Suche nach Authentizität:
Ich halt, der Francis

TAGEBUCH

Am Kilimandscharo
Abends, in nicht allzu ferner Zukunft

Als wir vor acht Tagen aufbrachen, sagten
unsere Träger gebetsmühlenartig zu uns: *»Pole,
pole«* (langsam, langsam), und wir hatten noch
Witze darüber gemacht. Jetzt fiel mir das Atmen
so schwer, dass ich mich mit jedem meiner
Schritte fragte, wie ich bloß auf die Idee
gekommen war, ausgerechnet den Kilimandscharo
zu besteigen! Ich könnte zu Hause auf der
Terrasse sitzen, ein Glas edlen Single Malt
genießen ... Aber nein, ich hatte ja unbedingt
eine Herausforderung gebraucht.
Also hatte ich die Lockdowns genutzt und war in
der drehfreien Zeit mit meinen Gebirgsjägern
auf sechzig Berge gestiegen. Wir waren am
Herzogstand, dem Seekarkreuz und Karwendel
gewesen. Auch auf dem Großvenediger, Piz Buin
und dem Breithorn, alles um die Viertausender.
Ich hatte sogar eine Eigenbluttherapie gemacht!
Was bei der Tour de France als Doping gilt,
hat sich hierfür als perfekt herausgestellt.
Zumindest bis gestern. Ich hatte zig Höhen-
trainings absolviert und wusste, meine Panik,
keine Luft zu bekommen, war unnötig.
Ich war top vorbereitet, aber trotzdem!
5895 Höhenmeter sind halt kein Pappenstiel.
Heute sind wir um drei Uhr morgens auf-

gebrochen. Vor wenigen Tagen stand ich noch in
der Hitze Tansanias im trockenen Staub. Jetzt
bohrten sich die Grödel an meinen Schuhen mit
jedem Schritt ins Eis. Gaben mir Halt und
Sicherheit.
Die blaue Stunde war bereits angebrochen, und
wir waren nur noch wenige Meter vom Gipfel
entfernt. Doch jeder Schritt dauerte eine
gefühlte Ewigkeit. Endlich erreichte ich den
Grat, der Wind pfiff mir eisig um die Ohren.
Ich hatte es tatsächlich geschafft! Beinahe
ungläubig starrte ich auf das hölzerne Schild
vor mir:

MOUNT KILIMANJARO
CONGRATULATIONS
You are now at
UHURU PEAK TANSANIA 5895M/19341FT
AFRICA'S HIGHEST POINT
WORLD'S HIGHEST FREE STANDING MOUNTAIN
ONE OF THE WORLD'S LARGEST VOLCANOES
WORLD HERITAGE AND WONDER OF AFRICA

Von hier oben, dem Dach Afrikas, hatte ich
einen überwältigenden Blick in das Becken von
Tansania. Ich versuchte mir vorzustellen, dass
dieses Bergmassiv, auf dem ich stand, seit
beinahe drei Millionen Jahren existierte. Der
kleine Hosenscheißer aus der Luisenstraße in
Schwabing hatte es tatsächlich geschafft, hier
hochzukommen. Einfach unfassbar!

Ich bemerkte, dass ich mit meinen Schuhen in einem Rinnsal stand, und verharrte einen Augenblick. Ich stellte mir vor, ich wäre einer dieser unzähligen Wassertropfen und würde von hier oben, aus der schneebedeckten Frostschuttwüste, hinabfließen ins Tal, durch das Grasland, größer und größer werden, mich mit anderen Rinnsalen vereinen und schließlich durch den feuchtheißen, dichten Urwald und die Sümpfe am Fuß des Berges als wilder Strom in den reißenden Pangani münden.

Und dann geschah es, unvermittelt, majestätisch, und meine Gedanken stoppten. Die glühende Morgensonne blinzelte erst sanft und entwickelte sich dann immer schneller zu einer Explosion des Lichts. Die Sonnenstrahlen rasten durch die Ebene und besiegten die Nacht. Der Tag brach so rasant und kraftvoll an, dass ich von hier oben die 35 Kilometer pro Sekunde, mit denen unser blauer Planet durchs Weltall saust, förmlich zu spüren glaubte. Mir wurde plötzlich klar, dass die Erde ein schützendes Raumschiff ist. Unser Zuhause. Ich begriff, dass all die Tiere, Pflanzen und auch wir Menschen die Besatzung sind. Aber aus Arroganz, Unwissenheit und Profitgier heraus zerstören wir diese wertvolle Fracht und wundern uns plötzlich, weshalb das Raumschiff Erde nicht mehr richtig

funktioniert ... Ach, könnt ich euch doch alle
ändern!
Wieder einmal liefen mir die Tränen herab.
Vorsichtig holte mich einer der Sherpas zurück
in die Gegenwart und sagte: »Wir müssen los,
Bwana«, was auf Suaheli so viel wie »mein Herr«
bedeutet.
Ich sah in seine lächelnden Augen, und wir
umarmten uns. Er drückte mich und flüsterte:
»Maisha ni Mazuri, Bwana.« Als ich ihn fragend
ansah, grinste er breit und sagte: »Das Leben
ist schön, mein Herr«, und ich musste mit-
lachen.
Wir wissen so wenig über uns, das Universum und
was die Welt im Innersten zusammenhält ...

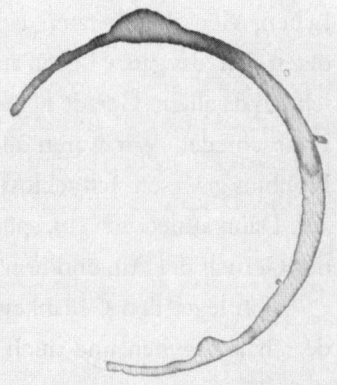

Ich kenne zwei ganz unterschiedliche Ansätze, sich dieser Frage zu nähern.

Der eine ist, zu wissen:

Ich bin mein Atem.

Ich bin mein Körper. Mein Herzschlag.

Ich bin mein Gefühl.

Ich bin meine Gedanken.

Ich bin das alles … und noch mehr: nämlich diese Instanz, die all das betrachtet, während ich mich auf der Spielwiese des Lebens vergnüge, lache, weine, strauchle …

Die Kunst ist vielleicht, gerade dies im Kopf zu behalten und sich nicht zu identifizieren mit nur einer der Facetten.

Der andere Ansatz ist, zu wissen:

Ich bin nicht mein Atem.

Ich bin nicht mein Körper.

Ich bin nicht meine Gedanken.

Ich bin nicht meine Gefühle.

Ich bin …

Ich erinnere mich, wie ich es zum ersten Mal begriff. Ich saß am San Francisco International Airport. Um mich herum lärmte das Leben, Menschen hetzten, lachten, sahen sich wieder, verabschiedeten sich, das ganze Leben auf eine Abflughalle konzentriert, und ich saß da allein. Gerade hatten wir uns von den letzten Freunden verabschiedet. Wir waren alle beim zweiten Seminar von Tony Robbins gewesen. Ich schloss die Augen, richtete mich ein wenig auf. Dann atmete ich ein, spürte der Luft nach, noch kühl, in sich der Geruch der Aircondition und ein Hauch Bratfett.

Ich legte den Gedanken Zügel an, bevor sie sich auf Wanderschaft begeben und mich mitreißen konnten. Ich fühlte, wie die Luft in meine Nase stieg, sich langsam erwärmte, die Kehle hinunterströmte bis in die Lungen. Bevor ich wieder ausatmete, legte ich eine winzige Pause ein. Und in ihr lag alle Magie. Glasklar lag sie vor mir, diese simple Erkenntnis: In der Pause, während ich nicht atme, bin ich. Das bedeutet: Ich bin nicht mein Atem. Aber da ist etwas, was dies realisiert. Das Bewusstsein, das der Atempause gewahr ist. Das Bewusstsein, das auch das folgende Ausatmen wie ein innerer Beobachter bezeugt. Etwas, was immer da ist, auch wenn ich selbst gedanklich abschweife, meinen Instinkten folge, mich mal wieder von mir selbst entferne. Wenn ich lache, weine, schlafe, liebe. Immer ist da dieses Bewusstsein in mir, und es ist ich.

Seither halte ich öfter inne, gönne mir diesen Moment. Ein Funken Bewusstsein, der mich jedes Mal aufs Neue staunen lässt, wie ein ganzer Tag verstreicht, an dem ich gar nicht in mir präsent war.

Das Wissen um diesen inneren Zeugen schenkt mir Gelassenheit. Lenke ich meine Aufmerksamkeit auf ihn, ist alles so, wie es ist … wertfrei, urteilsfrei. Dann kann ich Sinneseindrücke, Gedanken, Gefühle einfach betrachten, auch den Schmerz, den ich empfinde, wenn ich meine Kinder länger nicht sehe. Den Schmerz, weil die Welt um mich herum krankt. Und ich kann mir diesen winzigen Heimvorteil erspielen, den Sekundenbruchteil Kontrolle, bevor meine Instinkte das Ruder an sich reißen wollen oder der Zorn oder irgendeine diffuse Angst.

Zugleich weiß ich: Ein Mönch wird aus mir nicht werden, nicht in absehbarer Zeit jedenfalls. Ich bin nicht Gandhi. Ich muss in die Vollen gehen. Genießen, gut essen, will meine Körperlichkeit leben. Ich möchte träumen dürfen, mich in Fantastereien versteigen. Ich will angeregte Gespräche führen, will diskutieren und auch provozieren. Ich will für meine Freunde da sein. Will kreieren, dichten, tanzen, die Zeit vergessen. Ich will fliegen, hoch fliegen, auch wenn ich auf die Nase falle. Dann werde ich mich aufrappeln, mit Blessuren vielleicht, aber aus eigener Kraft. Ich will weiter vom Broadway träumen, vom Oscar, will spielen, mich dabei vergessen und mit Haut und Haar in die Magie eintauchen, die wir Schauspieler weben, um das Publikum in den Bann zu ziehen. Nie will ich dabei die Dankbarkeit vergessen, die ich dafür empfinde, dass ich diesen Raum in mir entdeckt habe, der Bewusstsein heißt.

Vielleicht hat mein Weg dorthin nur über den Seelenschmerz geführt. Es ist keine bahnbrechende Erkenntnis, dass wir immer dann weise werden, wenn es uns schlecht geht. Wir wachsen am Leid, an Krankheiten, Trennungen, Kündigungen. Wenn es uns gut geht, dann ist Binge Watching angesagt: Dann lassen wir 24/7 die Soap spielen, deren glückliche Hauptdarsteller wir gerade sind. Bloß nicht in die Nähe des Ausschaltknopfes kommen! Man könnte ja aufwachen, und dann?

Zum Glück lässt mich das Spirituelle nicht los. Immer öfter spüre ich das Bedürfnis, mich an den Erfahrungen zu orientieren, die ich machen durfte. Dem Firewalk. Dem Pole Climbing auf Teneriffa. An der Erkenntnis, welche Macht die Gedanken haben. Dem Wissen, dass ich Baustellen im Keller meines Unbewussten habe, die der Aufmerksamkeit und Heilung bedürfen.

Nach all dem Scheitern und den Tränen habe ich immerhin eines begriffen: In meiner Welt beginnt alles in mir. Die Liebe. Der Frieden. Die Freiheit und auch das Freisein von Angst.

Ich bin das Alpha und das Omega, der Erste und der Letzte, der Anfang und das Ende.
Offenbarung 22,13

NACHWORT: HEAVEN'S GATE

Als ich begann, an diesem Buch zu schreiben, und mich auf die Reise ins Niemandsland meiner Seele machte, war ich voll von chaotischem Tatendrang. Meine Zeilen sollten all jenen Menschen, die wie ich durch eine schwere Krise gingen, Hilfestellung bieten. Doch das war leichter gesagt als getan. Ich schrieb wahllos vor mich hin, suchte quasi in einem runden Raum die Ecken und begriff nach und nach, wie viel Schmerz noch in mir steckte. Je mehr der Text wuchs, desto mehr verlor ich mich in Angst, Wut und Selbstzweifeln. Plötzlich wollte ich nur noch eines: mit allen, die mich je verletzt und verlassen hatten, abrechnen, Gott inklusive. Während ich auf die Tasten des Laptops hämmerte, versank ich immer tiefer in den Fängen meiner inneren Quälgeister.

Hinzu kam, dass im Dezember 2020 zusätzlich zu dem ganzen Wahnsinn, der über mich hereingebrochen war, ein für mich sehr, sehr wichtiger Freund und Weggefährte schwer krank wurde. Während er auf der Intensivstation lag, versuchte ich ihn aufzumuntern, zum Kämpfen zu bewegen, und provozierte ihn mit frechen Textnachrichten.

Wir hatten unsere eigene Sprache. Ganz im Stile dramatischer Dichter, gaben wir uns Namen berühmter Feldherren und schrieben ebenso liebe- wie respektvoll miteinander.

Claus Cornelius Fischer war einer der besten Roman- und

Drehbuchautoren, die zu kennen ich die Ehre hatte. Claus war mein Mentor, mein Vorbild, mein Freund und geistiger Sparringspartner. Ich hatte mit ihm einige sehr spannende Filmprojekte erarbeitet, die ich selbstverständlich in den nächsten Jahren realisieren werde. Das bin ich ihm und auch mir schuldig.

Unsere letzte SMS-Konversation verlief so:

Ich:»Blücher, ich bin so froh, dass Ihr endlich ärztliche Hilfe angenommen habt! Sinkt das Fieber?«

Claus:»Lieber Wellington, kann schreiben, ist aber mühsam. War wohl dem Tod näher als gedacht ...«

Ich:»Seid Ihr über den Berg, Sir?«

Claus:»Bald.«

Ich:»Blücher! So, wie Ihr uns in Waterloo zu Hilfe eiltet, werden wir Euch ebenso aufpäppeln! Denkt an den Korsen, die Forensikerin und Bein'George! All die Schlachten und viele mehr wollen Seit' an Seit' mit Euch gewonnen werden.«

Da wechselte er unvermittelt die Tonalität und konfrontierte mich mit der ungeschminkten Wahrheit:

Claus:»Francis, du warst wohl zu selten auf einer Intensivstation, wo man mit Masken beatmet wird und rechts und links die Menschen sterben. So please ... keep your horses quiet. Ich bin nicht über den Berg. CC«

Das waren seine letzten Worte an mich ... Wenig später verstarb er in Berlin, schlich leise durch die Hintertür davon.

Tiefe Trauer, vermischt mit Zorn und Selbsthass, sind schlechte Ratgeber, nicht nur für Autoren. Wieder und wieder zerriss ich meine Entwürfe, warf meine geschriebenen Worte über Bord, spürte ich doch innerlich bereits, dass es so nicht ging. Nicht gehen konnte. Aber wie denn dann? Es war frustrierend. War es doch, als ob ich mit dem Kopf ständig durch die Wand wollte.

Wenn wir den Zeigefinger auf andere richten, so zeigen gleichzeitig drei Finger auf uns selbst. Diese Erkenntnis hatte ich bereits beim Aikido gelernt und während mehrerer Aufenthalte in Japan verinnerlicht. Wieso also sträubte ich mich jetzt? Das machte mich stutzig.

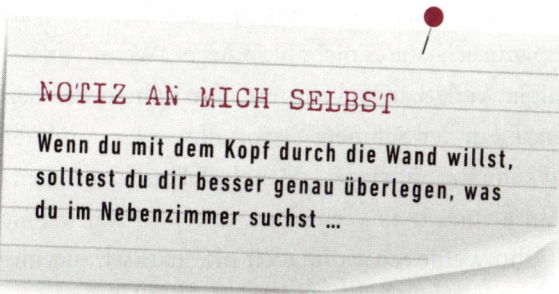

NOTIZ AN MICH SELBST

Wenn du mit dem Kopf durch die Wand willst, solltest du dir besser genau überlegen, was du im Nebenzimmer suchst …

Doch je mehr ich scheiterte, desto näher kam ich mir selbst. Und je näher ich zu mir fand, desto ruhiger wurde ich. Mit einem Mal erkannte ich, dass dieses Buch für mich ein Geschenk des Universums war. Ich wollte nicht länger anklagen, nicht mehr Richter und schon gar nicht mehr Opfer sein.

Mit jedem weiteren Wort, das aus mir auf die Seiten purzelte, baute ich mir selbst und allen, die mich im Leben berührt hatten, eine goldene Brücke. Denn es gibt kein »Richtig« und kein »Falsch«, es gibt immer nur den Moment. Den Augen-blick, im Hier und Jetzt. Ungezählte Faktoren haben zu ebendiesem Moment geführt, mitsamt seinen Ereignissen, Gedanken und Ge-fühlen. Auch ich hatte meinen Teil zu jenen Begebenheiten bei-getragen, die mir Verluste beschert, mich tief verletzt und mich von der Überholspur des Lebens geschleudert hatten.

Dass die eigentliche Kunst im Leben darin besteht loszulas-sen, ist für mich die wichtigste Erkenntnis, die ich im Laufe des

Schreibens errungen habe. Wenn wir an negativen Gefühlen festhalten, weil wir glauben, andere oder gar das Universum seien uns noch etwas schuldig – eine Wiedergutmachung, eine Ent-schuldigung eben –, dann geht es uns wie dem Menschen in Buddhas weisem Beispiel: *An Ärger festhalten ist wie wenn du ein glühendes Stück Kohle festhältst mit der Absicht, es nach jemandem zu werfen – derjenige, der sich dabei verbrennt, bist du selbst.*

Natürlich war es nicht bloß Ärger. Wenn Verlassenwerden all die alten Verletzungen triggert, die sich in die Seele gebrannt haben, kann der Schmerz essenziell werden, und kein Erfolg im Beruf kann ihn aufwiegen. Manche Menschen ziehen sich zurück, um Verletzungen zu vermeiden. Doch so war ich nie, so bin ich nicht und werde ich wohl auch nie sein. Ich bin überzeugt, dass wir uns selbst nur durch das Gegenüber definieren können. Deshalb ist es so spannend und auch wichtig, einander Gehör zu schenken. Hin-zu-hören. »Was sagt« dieser Mensch und »was meint« er, sind meist zwei sehr unterschiedliche Dinge.

Was andere in uns auslösen, lässt uns die blinden Flecken erkennen, die wir sonst wohl geflissentlich übersehen würden. Unsere Mitmenschen zeigen uns auch, dass unser Urteil, unsere Emotionen, unser »Bewerten« einzig unserer eigenen Illusion entspringen. Sie spiegeln unser Wunschdenken.

Ich möchte deshalb die Gelegenheit nutzen und mich aus tiefster Aufrichtigkeit und Dankbarkeit einmal gerne so ausdrücken: Vor allem neue Menschen in meinem beruflichen Umfeld, aber auch privat stupsten mich in jener Zeit energetisch an und schubsten mich liebevoll und mal mehr oder weniger direkt in eine für mich richtige Richtung, ohne dass ich mir dessen zunächst bewusst gewesen wäre. Andere wiederum, von denen ich jahrelang glaubte, sie seien Freunde, fragten nicht ein einziges Mal nach, wie es mir in diesem ganzen Schlamassel erging – und das mussten und müssen sie auch nicht. Auch ich war nicht immer der perfekte Freund: weil ich gefangen war im Hamsterrad des Alltags oder der persönlichen Dramen. Ich durfte erkennen, dass sie alle künftig lieber an anderer Stelle wirken möchten. Und das ist auch gut so. Die einzige Konstante im Leben ist Veränderung. Und das Wichtigste, was einem zwischen Leben und Tod bleibt, ist man letztlich selbst. Denn deshalb sind wir auf die Welt gekommen. Um uns selbst zu entfalten.

Manchmal ist es hilfreich, sich auf die berühmte Gardinenstange zu »setzen« und die Dinge entspannt von oben zu betrachten. Es kann gut sein, dass man plötzlich über sich selbst und die Situation, in der man steckt, lachen muss, und dann lösen sich die Spannung und oft auch der Konflikt mit Leichtigkeit auf.

Unsere Mitmenschen rufen natürlich tiefe Gefühle in uns wach. Und so wie wir am Ärger festhalten, tun wir es zuweilen auch an der Trauer: der Trauer um eine vergehende Liebe, um vertane Chancen oder um einen sterbenden Menschen.

Ich erinnere mich daran, wie eine spirituelle Helferin zu mir eines Tages sagte:»Francis, du musst Claus gehen lassen. Es ist gut, wie es ist.« Das traf mich völlig unvermittelt. Und sie hatte recht, ich war mit meiner inneren Trauer noch längst nicht fertig, im Gegenteil, ich nutzte sie als Energiespender, um mich schlecht zu fühlen. Doch schließlich gelang es mir, die negativen Gefühle zu überwinden und Claus in freundschaftlicher Liebe und Dankbarkeit »gehen« zu lassen.

Ich glaube, das war energetisch der Moment, an dem sich mein Leben in einer völlig neuen Bahn verlief und »Unglaubliches« auf mich zukam.

Die Sonne schien erstmals nach den Wintermonaten, und ich fuhr mit dem Auto in die Berge, um meine Gebirgsjäger zu treffen. Plötzlich klingelte mein Mobiltelefon, und eine befreundete BR-Redakteurin rief an. Ich fuhr rechts ran und stellte den Motor ab.

Sie fragte, ob ich noch meine Produktionsfirma hätte. Natürlich, sagte ich. Woraufhin sie mir anbot, den neuen *Polizeiruf* zu produzieren. Den letzten, den Claus geschrieben hatte. Wer weiß, vielleicht hatte Claus von da oben ein paar Strippen gezogen. Viel mehr entscheidend war für mich jedoch die Überzeugung, dass mich ebenjener Anruf vermutlich nie erreicht hätte, wenn ich auf den Bahamas oder sonst wo gewesen wäre, wo ich mich Monate zuvor noch hingesehnt hatte. Denn dann wäre ich in einem völlig anderen Mindset und Energiefeld gewesen, in einer anderen Realität. Und so fand ich zu meinem Urvertrauen zurück. Ein Urvertrauen, das meine Eltern in mir angelegt hatten, Jahre vor ihrer Scheidung und meinem Sturz aus dem kindlichen Paradies. Auch das erkannte ich einmal mehr, als ich den Schmerz losließ: dass sie mir alles gegeben hatten, was ich je brauchen würde.

NOTIZ AN MICH SELBST

Eine meiner bairischen Lieblingsredewendungen lautet: Wir sind immer vorn, und wenn wir hinten sind, ist hinten vorn! Ich denke, das kann man auch auf das Leben übertragen. Am Ende wird alles gut, selbst wenn man mal hintenanstehen muss. Es ist schön, auch diese Perspektive kennenlernen zu dürfen.

Das Universum hatte mich einmal durch die Hölle und zurück geschickt. Ich hatte überlebt. Nun zeigte es mir, dass eine magische Kiste voller großartiger Überraschungen für mich bereitsteht, weil ich bereit bin. Alles, was sich seither Positives in meinem Leben entwickelt hat, ist für mich ein Wunder und Geschenk Gottes.

Wir haben alle unser Päckchen zu tragen. Keiner von uns kann wissen oder beurteilen, was Gott, das Universum oder wir selbst uns auferlegen. Doch eines ist mir bewusst: Letztlich lädt uns das Universum nur so viel auf, wie wir bereit sind zu tragen, bis wir die Lektion lernen dürfen. Das Geheimnis des Glücks liegt für mich heute darin, jede Situation so anzunehmen, wie sie ist, und nicht, wie ich glaube, dass sie sein müsste – und dann mache ich für mich das Beste daraus.

SO VIELE DINGE KOMMEN ZURÜCK UND WERDEN WIEDER »IN«. KANN ES KAUM ERWARTEN, BIS MORAL, RESPEKT UND INTELLIGENZ WIEDER IM TREND SIND.
DENZEL WASHINGTON

—

Wenn wir glücklich sein wollen, dürfen wir lernen, »Dinge« nicht persönlich zu nehmen. Lernen wir, Unwichtiges loszulassen. Ist es wirklich wichtig, immer selbst recht zu behalten? Wir dürfen ruhig auch mal dem anderen sein Recht lassen. Lernen wir, uns in einem guten Maß auf uns selbst zu konzentrieren, auf unsere geistige Gesundheit, unsere spirituelle Gesundheit, unser allgemeines Wohlbefinden, körperlich, geistig und finanziell. Denn nur so sind wir in der Lage, wirklich etwas von uns zu geben. Und ermutigen wir uns selbst und andere wieder, mehr auf den Nächsten zu achten.

Die Eltern, die Kinder, die Nachbarn. Wer ein Lächeln im Herzen trägt, wird nicht kämpfen, und wer nicht kämpft, tötet nicht.

Der Träumer in mir wünscht sich solch eine Welt, in der wir achtsam miteinander umgehen und in Liebe aneinander wachsen. Ich bin sicher, dass wir als Individuen, Gesellschaft und Menschheit in dieser Welt im Allgemeinen immer auch die Chance haben, in die nächste Frequenz aufzusteigen. Das morphologische Feld ist ein großartiger Ort. Und vielleicht ist Gottes größte Gerechtigkeit tatsächlich seine Barmherzigkeit ...

ES GIBT NUR ZWEI TAGE IM LEBEN, AN DENEN MAN NICHTS TUN KANN. DER EINE IST GESTERN, UND DER ANDERE IST MORGEN. DIES BEDEUTET, DASS HEUTE DER RICHTIGE TAG ZUM LIEBEN, GLAUBEN UND IN ERSTER LINIE ZUM LEBEN IST.

DALAI LAMA

—

DANK

Ich möchte mich zuerst bei meinen beiden wunderbaren Töchtern Joliene und Audrey bedanken. Sie sind das Wichtigste in meinem Leben, mein ganzer Stolz und der Quell meiner Inspiration. Für sie fliege ich, ohne mit der Wimper zu zucken, bis zum Mond, um die Galaxie und zurück. Ich liebe euch von ganzem Herzen, denkt immer daran. Und ich will immer für euch da sein, in dieser und in der nächsten Welt.

Ich danke meinen Eltern, ohne die ich nicht der Mensch wäre, der ich heute bin.

Danke an Caroline Colsman vom Kailash Verlag. Sie und ihr großartiges Team haben an mich geglaubt und den Mut gehabt, auch als ich strauchelte, mir die Stange zu halten. Danke dafür von Herzen. Ich möchte Angela Kuepper danken für die unglaublich tolle Zusammenarbeit. Sie hat mir den Weg gezeigt, wie man im Tonfall die Balance hält. Eine wunderbare Sparringspartnerin und einer der gebildetsten Menschen, denen ich je begegnet bin. Danke. Danke auch an Susanne Wahl und Hans W.

Danke an meine Schutzengel, Erzengel, die göttliche Mutter, den göttlichen Vater, die geistigen Ahnen und an meine spirituellen Helferinnen Rose Sitzmann, Petra-Maria Flierl und Lissi. Danke an Ingo Stritter, Oli & Ina Müller, Sven-Oliver Müller und Ina Krock, Geraldo Ranftl, Mäx Klepsch und Katrein Wöltje-Wilms; Sandro & Eva Lorenz, Daniel-Marc Brunner, Werner Gruner und Dave Hazarian. Stefan und Katharina Gastager. Danke für eure Freundschaft, Unterstützung und euren seelischen Beistand, eure Offenheit und konstruktive Kritik. Danke an Alfons Schuhbeck, du warst im entscheidenden Moment da!

Danke an meine Agenten Pam Fischer, ihren Mann Alex und das phänomenale Team von »Fischer & Partner« – ihr gebt mir den

Mut, wieder meinen größten Traum zu leben. Danke an Sandra Ratsch und Miriam Strothjohann von NeedAgency. Und danke an Jenz Puppe für Deinen Einsatz, den richtigen Verlag für mich zu finden. Danke an Tony Robbins, Abraham Hicks, Sri Preethaji, Ekam und The Oneness Academy, Sadhguru, Master Co, Napoleon Hill, Joe Dispenza, Keith Cunningham, Michael Nitty und Horst Vogel. Danke auch an alle, die ich vielleicht zu nennen vergessen habe. Und last but not least danke an all die Freunde, Weggefährten und Feinde, an denen ich so grandios scheitern durfte, um endlich über mich selbst hinauszuwachsen. I OWN YOU!

LITERATUR- UND QUELLENVERZEICHNIS

Seite 15: Aus einem Workshop mit Tony Robbins in San Francisco, Juni 2019.
Weitere Zitate zum Thema siehe: The Tony Robbins Blog, https://www.tonyrobbins.com/mind-meaning/what-drives-your-decisions/ [20.07.2022]

Seite 16: Albert Einstein zugeschrieben. Gefunden auf https://www.brigitte.de/liebe/persoenlichkeit/einstein-prinzip--eine-grundsatzentscheidung-beeinflusst-dein-ganzes-leben-11661458.html [20.07.2022]

Seite 17: Vgl. Neurologen und Psychiater im Netz (o. V.): »Entwicklung von Gehirn und Nervensystem« (o. J.), https://www.neurologen-und-psychiater-im-netz.org/gehirn-nervensystem/entwicklung [20.07.2022]

Seite 22: Herrmann von Lingg: Aus: »Das Krokodil zu Singapur«, in: Die Deutsche Gedichtebibliothek, https://gedichte.xbib.de/Lingg_gedicht_Das+Krokodil+zu+Singapur.htm [20.07.2022]

Seite 23: Herman van Veen: »Kleiner Fratz« (1. Strophe), aus dem Album *Ich hab ein zärtliches Gefühl*. Harkekijn Records 1973

Seite 25: Konstantin Stanislawski, gefunden auf https://ik-ptz.ru/de/diktanty-po-russkomu-yazyku--3-klass/stanislavskii-o-teatre-citaty-konstantin-stanislavskii-aforizmy-citaty.html [20.07.2022]
Siehe auch die Autobiografie: Konstantin S. Stanislawski: Mein Leben mit der Kunst. Berlin 1951

Seite 31: David Ben-Gurion zugeschrieben. Gefunden auf: https://www.zitate.eu/autor/david-ben-gurion-zitate/162669 [20.07.2022]

Seite 39: Johann Wolfgang von Goethe: Berliner Ausgabe. Poetische Werke [Band 1–16], Band 2. Berlin 1960, S. 74-75, 224-225, siehe auch: http://www.zeno.org/nid/20004845927 [20.07.2022]

Seite 40: Tony Robbins: Money: Die 7 einfachen Schritte zur finanziellen Freiheit. München 2016

Seite 41: Chris Colfer: Land of Stories: Das magische Land 3 – Eine düstere Warnung. Frankfurt am Main 2020

Seite 48: Gefunden auf: https://beruhmte-zitate.de/zitate/2097598-luciano-de-crescenzo-wir-sind-alle-engel-mit-nur-einem-flugel-um-flieg/ [20.07.2022]

Seite 49: Matthäus 27,46: »Mein Gott, mein Gott, warum hast du mich verlassen?«, https://www.bible.com/de/bible/73/MAT.27.46.HFA [20.07.2022]

Seite 52: Songtext der Band 10 cc: „From Rochdale to Ocho Rios", Songwriter: Graham Gouldman. Sony/ATV Music Publishing LLC, 1978

Seite 54: Ödön von Horváth: Geschichten aus dem Wiener Wald. Volksstück in drei Teilen (1931). Stuttgart 2009, siehe auch: https://www.aphorismen.de/zitat/217891 [20.07.2022]

Seite 58: Franz Grillparzer: Gedichte. Aus: »Der Bann«, in: Die Deutsche Gedichtebibliothek, https://gedichte.xbib.de/Grillparzer_gedicht_Der+Bann.htm [20.07.2022]

Seite 62: Nelson Mandela. Gefunden auf: Mandela Day: Die schönsten Zitate von Nelson Mandela, rhino-africa.com, https://blog.rhinoafrica.com/de/2018/07/16/mandela-day-die-schoensten-zitate-von-nelson-mandela/ [20.07.2022]

Seite 64: Das Zitat von Helmut Schmidt wird unter anderem erwähnt in: Claus-Jürgen Göpfert: »Lieber verhandeln als schießen«, in: Frankfurter Rundschau vom 16.04.2018, https://www.fr.de/frankfurt/lieber-verhandeln-schiessen-10987329.html [20.07.2022]

Seite 65: Gary Cooper in »Zwölf Uhr mittags« (High Noon), 1952

Seite 68: Roger Willemsen: Wer wir waren. Frankfurt am Main 2017 (8. Aufl.), Seite 43

Seite 69: Vgl. Katja Bigalke, Was Mobbing im Gehirn macht, Deutschlandfunk vom 22.09.2016, https://www.deutschlandfunkkultur.de/was-mobbing-im-gehirn-macht-demuetigungen-schmerzen-wie-100.html [20.07.2022]

Seite 69: Jean-Paul Sartre: Geschlossene Gesellschaft. Reinbek 1975/1985, neu übers. René Habach, Trois itinéraires … un carrefour. Quebec 1983, Seite 23, https://books.google.de/books?id=OvTs6rEbUXAC&pg=PA23&dq#v=onepage&q&f=false [20.07.2022]

Seite 70: Thomas Alva Edison: »Every great institution is the lengthened shadow of a single man«, gefunden auf zitate.de, https://www.zitate.de/autor/edison%2C+thomas+alva [20.07.2022]

Seite 81: Siehe Kisshomaru Ueshiba: A Life in Aikido: The Biography of Founder Morihei Ueshiba. Kodansha International, 2015

Seite 84: Gefunden auf: https://gedankenwelt.de/die-7-besten-saetze-von-wayne-dyer/ [20.07.2022]

Seite 89: Jiddu Krishnamurti und David Bohm: Vom Werden zum Sein. München 1993

Seite 90: Gefunden auf: https://www.aphorismen.de/suche?f_thema=Schauspieler&seite=3 [20.07.2022]

Seite 98: Gefunden auf: https://www.aphorismen.de/zitat/19980 [20.07.2022]

Seite 100: Gerhard Stadelmaier:»Machen Sie dem Ausdruck Platz! Rolf Boysen zum Neunzigsten«, in: FAZ vom 31.03.2010, https://www.faz.net/aktuell/feuilleton/buehne-und-konzert/rolf-boysen-zum-neuzigsten-machen-sie-dem-ausdruck-platz-1654500.html [20.07.2022]

Seite 101: Bekanntes, aber verkürztes Zitat aus Aristoteles' Metaphysik VII 17

Seite 107: Vgl. Werner Stangl: Online-Lexikon für Psychologie und Pädagogik, Stichwort: Glaubenssätze. Werner Stangl Wien Linz Freiburg 2022, https://lexikon.stangl.eu/28546/glaubenssaetze [20.07.2022]

Seite 108: Gefunden auf: https://gutezitate.com/zitat/263639

Seite 109: Johann Wolfgang von Goethe: Faust I. Mephistopheles zu Faust, Vers 1338 ff., https://www.projekt-gutenberg.org/goethe/faust1/chap006.html [20.07.2022]

Seite 112: Das Zitat, das laut BR (https://www.br.de/radio/bayern2/sendungen/zeit-fuer-bayern/tradition-feuer-weitergabe-100.html, [20.07.2022]) von Thomas Morus (1478-1535) geprägt wurde, wird auch Jean Jaurès (1859–1914) und anderen zugeschrieben.

Seite 114: Ödön von Horváth: Glaube Liebe Hoffnung. Ein kleiner Totentanz in fünf Bildern. 3. Bild, Szene 24, Schupo zu Elisabeth. 1932/1933, in: ders., Glaube Liebe Hoffnung. Wiener Ausgabe sämtlicher Werke, Band 5, Frankfurt am Main 2008

Seite 118: Gefunden auf: https://beruhmte-zitate.de/zitate/137750-dschalal-ad-din-al-rumi-jenseits-von-richtig-und-falsch-liegt-ein-ort-dor/ [20.07.2022]

Seite 118: Nach Karl Valentin, »Die Fremden«, in: Sämtliche Werke, Band 4. München 1994

Seite 120: Khalil Gibran:»Der Prophet«, München 2020

Seite 121: Gefunden auf: https://www.aphorismen.de/zitat/2286 [20.07.2022]

Seite 125: William Shakespeare: Hamlet. Prinz von Dänemark. In der Übersetzung von August Wilhelm von Schlegel. Dritter Akt, 1. Szene, https://www.projekt-gutenberg.org/shakespr/hamlet-s/chap03.html [20.07.2022]

Seite 126: Ernst Ferstl: Wegweiser. Neue Aphorismen. Ottersberg 2005, gefunden auf: https://www.aphorismen.de/zitat/103471 [20.07.2022]

Seite 127: Songtext von Lady Gaga, »Always Remember Us This Way«, gesungen im Film *A Star Is Born*. Interscope 2018

Seite 130: Vgl. Walt Whitman: Leaves of Grass. New York 1855

Seite 132: Aus: Taxi Driver. Columbia Pictures 1976

Seite 139: Khalil Gibran: »Der Prophet«. München 2020, Seite 29 ff.

Seite 140: Gefunden auf: https://beruhmte-zitate.de/zitate/1973522-nikola-tesla-mochtest-du-die-ge-heimnisse-des-universums-erfahre/ [20.07.2022]

Seite 150: Gefunden auf: https://gutezitate.com/zitat/168143 [20.07.2022]

Seite 154: Vgl. Ralf Krauter: Klang der Stille. Deutschlandfunk vom 11.07.2008, https://www.deutsch-landfunk.de/klang-der-stille-100.html [20.07.2022]

Seite 155: Joachim-Ernst Behrendt: Nada Brahma. Hamburg 1997

Seite 162: Gefunden auf: https://www.zitate.eu/autor/oscar-wilde-zitate/38369 [20.07.2022]

Seite 167: Aus: Ego on the Rocks, *Acid in Wounderland*. Jupiter Records 1981

Seite 171: Burkhard Reinartz: »Johannes vom Kreuz. Die dunkle Nacht der Seele«, in: Deutschlandfunk vom 15.10.2014, https://www.deutschlandfunk.de/johannes-vom-kreuz-die-dunkle-nacht-der-seele-100.html [20.07.2022]

Seite 174: Siehe Napoleon Hill: Think and Grow Rich. Original: USA 1937.E-Book: Mindpower Press 2015

Seite 179: Gefunden auf: https://wohlfinderei.de/die-schoensten-zitate-grosser-maler/ [20.07.2022]

Seite 185: Gefunden auf https://zeitzuleben.de/unser-16-liebsten-zitate-thema-angst/ [20.07.2022]

Seite 186: Vgl. Stella Marie Hombach: »Wer wächst an Krisen?«, in: Spektrum vom 22.07.2020, https://www.spektrum.de/news/woher-kommt-resilienz-forscher-untersuchen-psychische-krisen/1752294 [20.07.2022]

Seite 186: Gefunden auf https://zeitzuleben.de/unser-16-liebsten-zitate-thema-angst/ [20.07.2022]

Seite 191: Gerhard Polt: D'Anni hat gsagt. Jupiter (Sony Music) 1992

Seite 202: Weisheiten und Zitate von Sadhguru siehe https://isha.sadhguru.org/us/en [20.07.2022]

Seite 206: Be Water, ein Dokumentarfilm über Bruce Lee. Dorothy Street Pictures 2020
Siehe auch: Shannon Lee: Be Water, My Friend: Die Lehren des Bruce Lee. München 2022

Seite 212: Gefunden auf https://www.aphorismen.de/zitat/107663 [20.07.2022]

Seite 214: Im Original: »It isn't all over; everything has not been invented; the human adventure is just beginning«, siehe: https://beruhmte-zitate.de/autoren/gene-roddenberry/ [20.07.2022]

Seite 215: Kinder des Olymp. Ein Film von Marcel Carné. Frankreich (SNCP) 1945. Siehe auch: Jenny Je-cke: »Ich, die Kinder des Olymp und die große Liebe«, in: Moviepilot vom 01.04.2011, https://www.moviepilot.de/news/ich-die-kinder-des-olymp-und-die-grosse-liebe-110185 [20.07.2022]

Seite 226: Aus der Einheitsübersetzung, https://www.bibleserver.com/EU.LUT/Offenbarung22,13 [20.07.2022]

Seite 233: Gefunden auf: https://www.spruch-des-tages.de/sprueche/so-viel-dinge-kommen-zurueck-und-werden-wieder-in-kann-es-kaum-erwarten-bis-moral-respekt-und-intelligenz-wieder-im-trend-sind [20.07.2022]

Seite 234: Gefunden auf: https://www.geo.de/geolino/mensch/19302-rtkl-weisheiten-zitate-des-dalai-lama-die-inspirieren [20.07.2022]

BILDNACHWEIS

Wir haben uns bemüht, alle Rechteinhaber ausfindig zu machen, verlagsüblich zu nennen und zu honorieren. Sollte uns dies im Einzelfall aufgrund des Zeitablaufs und der schlechten Quellenlage bedauerlicherweise einmal nicht möglich gewesen sein, werden wir begründete Ansprüche selbstverständlich erfüllen.

Seite 19
Foto: Privatarchiv Francis Fulton-Smith

Seite 30
Foto: Privatarchiv Francis Fulton-Smith

Seite 33
Foto: Privatarchiv Francis Fulton-Smith

Seite 56
Foto: Privatarchiv Francis Fulton-Smith

Seite 71
Foto: Privatarchiv Francis Fulton-Smith

Seite 99
Foto: Picture Alliance

Seite 113
oben: Bildarchiv Stadttheater Braunschweig
unten: Jiri Hanzl

Seite 133
Foto: Privatarchiv Francis Fulton-Smith

Seite 152
Foto: Privatarchiv Francis Fulton-Smith

Seite 158
Foto: Privatarchiv Francis Fulton-Smith

Seite 181
Foto: Privatarchiv Francis Fulton-Smith

Seite 192
Foto: Mayk Azzato

Seite 196
Foto: Privatarchiv Francis Fulton-Smith

Seite 205
Foto: Privatarchiv Francis Fulton-Smith

Seite 219
Foto: Markus Nass/Privatarchiv
Francis Fulton-Smith

Layoutelemente

Coffee Stains
creative market/
Abbie May

Toolkit Bundle
creative market/
the M&K Design Studio

Marker Pen Strokes
creative market/
PeDe Designs